MODERN LANGUAGE[illegible] [illegible]IDES

LITERATURE STUDY GUIDE FO[illegible] [illegible]ERMAN

Der Vorleser

Bernhard Schlink

Paul Elliott

HODDER EDUCATION
AN HACHETTE UK COMPANY

The Publishers would like to thank the following for permission to reproduce copyright material.

Photo credits

p.8 Brian Atkinson/Alamy; **p.18** dpa Picture Alliance Archive/Alamy; **p.19** Atlaspix/Alamy; **p.22** dpa Picture Alliance Archive/Alamy; **p.26** Pictorial Press Ltd/Alamy; **p.40** Photos 12/Alamy; **p.49** Moviestore Collection Ltd/Alamy; **p.51** AF Archive/Alamy; **p.59** Moviestore Collection Ltd/Alamy

Orders: please contact Bookpoint Ltd, 130 Park Drive, Milton Park, Abingdon, Oxon OX14 4SE. Telephone: (44) 01235 827720. Fax: (44) 01235 400454. Email education@bookpoint.co.uk Lines are open from 9 a.m. to 5 p.m., Monday to Saturday, with a 24-hour message answering service. You can also order through our website: www.hoddereducation.co.uk

ISBN: 978 1 4718 9016 1

First published in 2017 by

Hodder Education,

An Hachette UK Company

Carmelite House

50 Victoria Embankment

London EC4Y 0DZ

www.hoddereducation.co.uk

Impression number 10 9 8 7 6 5 4 3 2

Year 2022 2021 2020 2019 2018 2017

Typeset in India

Printed in Dubai

A catalogue record for this title is available from the British Library.

Contents

Getting the most from this guide

This guide is designed to help you to develop your understanding and critical appreciation of the concepts and issues raised in *Der Vorleser* as well as your language skills, fully preparing you for your Paper 2 exam. It will help you when you are studying the book for the first time and also during your revision.

A mix of German and English is used throughout the guide to ensure you learn key vocabulary and structures you'll need for your essay, while also allowing you to develop a deep understanding of the work.

The following features have been used throughout this guide to help build your language skills and focus your understanding of the novel:

die Aufseherin female guard

For every paragraph in German, key vocabulary is highlighted and translated. Make sure you know these words so you can write an essay with accurate language and a wide range of vocabulary, which is essential to receive the top mark for AO3.

Activity

A mix of activities is found throughout the book to test your knowledge of the work and develop your vocabulary and grammar. Longer writing tasks will help prepare you for your exam.

Build critical skills

These offer an opportunity to consider some more challenging questions. They are designed to encourage deeper thinking and analysis to take you beyond what happens in the novel to explore why the author has used particular techniques, and the effects they have on you. These analytical and critical skills are essential for success in AO4 in the exam.

GRADE BOOSTER

These top tips will advise you on what to do, as well as what not to do, to maximise your chances of success in the examination.

TASK

Short tasks are included throughout the book to test your knowledge of the novel. These require short written answers.

Answers

Answers to every activity, task and critical skills question can be found online at **www.hoddereducation.co.uk/mfl-study-guide-answers**

Key quotation

Key quotations are highlighted as they may be useful supporting evidence in your essay.

Manchmal hatte ich das Gefühl, wir, seine Familie, seien für ihn wie Haustiere.

(Erster Teil, Kapitel 7)

1 Synopsis

Erster Teil

The first section of Bernhard Schlink's novel *Der Vorleser* deals with the illicit relationship between a 15-year-old schoolboy, Michael Berg, and a 38-year-old woman, Hanna Schmitz. On his way home from school, Michael falls ill and is helped by Hanna. When his parents send him back after his recovery from jaundice to thank her for her kindness, a relationship develops. When Michael helps her by collecting coal, he returns covered in coal dust. Hanna takes the opportunity to seduce him in her bath and an intense sexual relationship develops which lasts several months.

Michael begins to visit Hanna regularly to have sex. His infatuation with the older woman turns to love for her, although she remains aloof, controlling the relationship with her dominating behaviour whilst treating him almost as a son. At her request he begins to read aloud to her and this too, like their love-making, develops into a ritual.

Otherwise, their lives continue as normal. Although we learn very little about her other relationships, we know that Hanna works as a conductor on a tram, returns home every day at midday and awaits Michael's visits. Michael, on the other hand, develops as an apparently normal teenager, making friends with girls at school. At the same time, he skips the last class every day to be with Hanna.

After some tensions have arisen, they decide to go on a biking holiday. When Michael slips out of the bedroom one morning to get breakfast for them he leaves Hanna a note. He returns innocently to find her in a furious temper and there is no sign of the note.

At the beginning of a new term, Michael's relationships at school blossom and he makes new friends. Although the relationship with Hanna continues, he feels uneasy about the strains that have developed and when he sees Hanna watching him with his friends at the swimming pool one day he does not acknowledge her. The following day, Michael is surprised to find that Hanna has mysteriously disappeared and questions whether he is to blame.

TASK

Erforschen Sie den Schriftsteller Bernhard Schlink. Machen Sie kurze Notizen zu den Hauptdetails in seinem Leben und zu den Hauptthemen in seinen Werken.

Zweiter Teil

The second section of the novel jumps forward several years to find Michael as a law student at university. When he attends a Nazi war crimes trial, he is shocked to see Hanna being interrogated as a war criminal. He attends the trial daily and learns of her past as a voluntary SS guard at Auschwitz. She was well known as the female guard who had younger female prisoners read aloud to her before they were sent off to their death.

In one particular incident, Hanna seems to have been responsible for the death of a group of women in a church that has burned down. The female prisoners were unable to escape because the guards would not open the door to let them out. When a survivor testifies against Hanna, she admits that she had written a report about the incident.

In an attempt to understand her motives, Michael visits the site of a concentration camp in Alsace. However, the experience leaves him with an uncanny feeling about her past and about his own relationship with German history.

When Michael realises during the trial that Hanna is illiterate he not only understands the disappearance of the note during their biking holiday, but also decides to report this to the judge who is presiding over Hanna's case. However, during this meeting he avoids the issue of Hanna's illiteracy. Consequently, Hanna is sentenced to life imprisonment for war crimes.

Dritter Teil

Michael in the meantime marries and fathers a child. When his daughter, Julia, reaches the age of five, Michael and his wife, Gertrude, divorce. His inability to sustain a long-term relationship means also that he has few friends.

Unable to forget Hanna, Michael decides to continue the ritual of reading to her by sending to her prison cell recordings of him reading aloud. When he receives a thank-you note from her, he realises that she has learned to read and write in prison.

After she has served 18 years in prison, Hanna is due for early release. The prison warden summons Michael for a meeting during which she asks him, as Hanna's only contact in the outside world, to help reintegrate her into society. A changed person, Hanna has learned to read and write in prison. Michael listens to her views on justice and prepares for her release.

However, on the night before her release Hanna commits suicide by hanging herself in her cell. Michael visits the cell and reflects on his relationship with her. He realises that their relationship is symbolic of the relationship between his generation and the older generation of his parents.

Michael's final task is to carry out Hanna's last will and testament. When he has withdrawn the 7,000 Deutschmark from her bank account, he travels to America to give the money to the daughter of the mother who survived the church fire. She refuses to accept the donation and the money is transferred to the Jewish League Against Illiteracy. When Michael receives a thank-you letter for the donation, he visits Hanna's grave for one time only.

2 Social and historical context

Die Konzentrationslager

Im Zweiten Teil des Romans erfahren wir von Hannas Vergangenheit als **Aufseherin** in einem **Konzentrationslager**. Das dichte Netz von Arbeits- und Vernichtungslagern, das die Nationalsozialisten aufbauten, trug zwischen den Jahren 1933 und 1945 zum Regime des Terrors und der Verfolgung bei. Mit tierischer Brutalität verfolgten die Nationalsozialisten alle Gegner. Unter den **Opfern** befanden sich politische Gegner, sowie sogenannte Zigeuner und Homosexuelle, aber vor allem Juden wurden in die KZs eingeliefert und dort getötet oder vergast. Die Lebensumstände waren menschenunwürdig, Seuchen waren keine Seltenheit und die Überlebenschancen waren gering. Zu den bekanntesten Konzentrationslagern gehörten Auschwitz, Bergen-Belsen, Dachau und Buchenwald. Weil sich die Grenzen von Nazi-Deutschland viel breiter ausdehnten als die heutige Bundesrepublik, befinden sich jetzt viele Konzentrationslager in anderen europäischen Ländern, wie zum Beispiel Polen, der Tschechei oder Frankreich. Als die Alliierten die Vernichtungslager im Jahre 1945 befreiten, fanden sie abgemagerte **Überlebende**, die als Menschen kaum zu erkennen waren. Man schätzt, dass Millionen in den Konzentrationslagern umgebracht wurden.

die Aufseherin female guard

das Konzentrationslager (KZ) concentration camp

das Opfer victim

Überlebende survivors

Michael discovers that Hanna was active as a guard in Auschwitz concentration camp in the spring of 1944 and subsequently in a smaller camp in Poland until the end of the war.

Auschwitz-Birkenau was the largest of the Nazi extermination camps. Among the many atrocities committed here, many were carried out by the notorious Dr Josef Mengele, whose particular speciality was to experiment with twins. An estimated 1.1 million prisoners were killed in Auschwitz, more than in any other Nazi death camp. Although more than 7,000 staff are believed to have worked there, only a few hundred have ever been brought to trial.

GRADE BOOSTER

Some important events happen before the actual events of the novel are described. The novel is not written chronologically. Make sure you are clear about the order of events by referring to the chart on page 36 and be clear about the timeline in your exam essays.

The Natzweiler-Struthof camp was created in 1941. Predominantly a labour camp that supported the war effort, it also provided human fodder for medical experiments by professors from nearby Strasbourg University. In the last 4 years of the war, an estimated 22,000 prisoners died in Natzweiler-Struthof.

▲ Das Konzentrationslager Natzweiler-Struthof im Elsass

This is the camp in modern-day Alsace in France which Michael chooses to visit in an attempt to understand how human beings were capable of carrying out such atrocities as were witnessed during the Holocaust. Despite his attempts to imagine the camp full of human beings, he leaves with a feeling of desolation. His desire to understand Hanna and to judge her highlights how much he is at odds with his own feelings about the Holocaust and Germany's National Socialist past.

Die SS

die Schutzstaffel (SS) special police force of the Nazi party

die Nationalsozialisten (Nazis) National Socialists (Nazis)

die Aufseherinnen female guards

verantwortlich für responsible for

Unter der Leitung von Heinrich Himmler war die **Schutzstaffel**, kurz SS genannt, die polizeiliche Branche der **Nationalsozialisten**, deren Mitglieder die rassenideologischen Ideale der Nazi-Partei teilen mussten. Anfangs als Elitentruppe gemeint, wurde die Organisation bald mehr als eine reine Schutztruppe. Nachdem die SS ab 1934 für die Organisation und Kontrolle der Konzentrationslager verantwortlich geworden war, wurde sie zu einem der wichtigsten Terrorinstrumente in Hitlers Diktatur. Im Laufe des Krieges wurde die SS immer größer: zu ihren Mitgliedern zählten nicht nur arische Männer, die wegen ihrer körperlichen Stärke ausgewählt wurden, sondern auch Frauen, die sich oft freiwillig für den Dienst als **Aufseherinnen** bewarben. Die SS-Mitglieder waren im Wesentlichen für die Ermordung der Millionen von Juden **verantwortlich** und begingen unzählige rücksichtslose Kriegsverbrechen. Doch als die Organisation am Ende des Zweiten Weltkriegs verboten wurde, konnten viele Mitglieder entkommen und ihrer Strafe entfliehen.

GRADE BOOSTER

In your exam essay, remember that you are not writing a history essay. Concentrate on the novel. The historical and social background given here simply puts the events of the novel into context. You should not go into historical detail in your exam essay.

As the SS developed its role in running the concentration camps, the power of its members grew out of control. The male and female guards, of whom Hanna

Schmitz was one, were under the control of the *Lagerkommandant*. They were a mixture of Germans and other nationalities and some were even former criminals. Their brutality is well documented.

Survivors of the Holocaust have varying reactions to their SS guards. Some seek absolution (for survivors' guilt) by forgiving their sadistic tormentors. Some continue to seek justice for their cruelty and for the loss of their families and friends. Others plead with former SS guards to admit openly their part in the Nazi killing machine.

As an SS guard, Hanna would have been left to make her own decisions about how to treat the prisoners in her charge. Her sudden violent outbursts, both physical and verbal, contrast with her gentler side, which is epitomised by her choice of female favourites to read to her before they are deported to be killed.

The daughter who has survived the fire in the church with her mother encourages Hanna to admit and accept her guilt during the trial. At the end of the novel, she rejects Michael's offer of the money in a scene in which she appears to be devoid of emotion, perhaps indicative of the fact that all emotion has been ripped from her by the SS guards.

Frauen in der SS

Ob **dienstverpflichtet** oder **freiwillig** wollten viele SS-Aufseherinnen dem Elternhaus entfliehen, Karriere machen und sozial aufsteigen. Sie waren oft jung und unerfahren. Da viele aus der Unterschicht der Gesellschaft stammten, waren sie oft auch schlecht ausgebildet. In den Konzentrationslagern hatten sie oft die Aufgabe, **weibliche Gefangene** zu überwachen und wurden von der Oberaufseherin geleitet. Im KZ Ravensbrück wurden in den Kriegsjahren 3.500 Frauen als Aufseherinnen ausgebildet. Der Kontrast zwischen dem üblichen nationalsozialistischen Bild der Frau als **Hausfrau** und Mutter und der Grausamkeit dieser Frauen ist eine mögliche Erklärung für ihren mehr als schlechten Ruf. Viele Überlebende berichteten oft, die SS-Frauen seien brutaler gewesen als die Männer. Obwohl Misshandlung der Gefangenen verboten war, ist es jetzt bekannt, dass die Aufseherinnen **Gewalt** ausübten und Gefangene mit Schlägen und anderen brutalen Aktionen quälten, um Disziplin zu halten. In diesem Zusammenhang kann man Hannas Vergangenheit, ihr Verhalten gegenüber Michael und ihren Analphabetismus besser verstehen.

dienstverpflichtet conscripted
freiwillig voluntary

weiblich female
die Gefangene female prisoner

die Hausfrau housewife

die Gewalt force

About 10% of guards in Auschwitz were female. As one of these, Hanna would have passed an entrance examination to establish her loyalty to the National Socialist cause and signed a contract with one of the *SS-Helferinnen*. After six months' training she would have become a fully qualified guard. Although her wages were relatively high, she would not have shared equal rights with her male counterparts in the SS.

The contrast that has been noted above in Hanna's treatment of her prisoners was not uncommon. A senior female SS officer was reported to have sent many children to their deaths as part of her drive to keep the concentration camps under control. At the same time she distributed biscuits to the youngest victims.

One of the most notorious and sadistic female guards was the infamous Irma Grese. The aspiring actress was a noted beauty who subjected prisoners to extreme acts of brutality, including whipping, beating women whom she deemed to be beautiful and on one occasion gouging out the eyes of a girl as a punishment.

During the post-war trials of war criminals, women were often treated more severely than men and more women than men were sentenced to death. Presumably, because of their low numbers, they were more memorable. Irma Grese, 'die Hyäne von Auschwitz', was hanged in her cell in 1947, leaving behind her no words of regret for her actions. However, like Hanna, she was punished for her crimes.

Die Kriegsverbrecherprozesse

Schon im November 1945 begannen in Nürnberg die **Kriegsverbrecherprozesse**, bei denen die schuldige Führungselite des NS-Regimes für ihr Verhalten zur Rechenschaft gezogen werden sollte. In den vier Besatzungszonen fanden weitere Prozesse gegen weniger prominente Schuldige statt. Sie wurden entweder mit „Verbrechen gegen den Frieden", „**Kriegsverbrechen**" oder „Verbrechen gegen die Menschheit" angeklagt. Die **Richter** auf dem Gerichtshof waren erstklassige Juristen sowohl aus den Siegernationen als auch aus Deutschland. Der Richter, den Michael besucht, ist ein erfahrener **Beamter**. Zwischen 1945 und 2005 gab es Strafverfahren gegen 172.294 **Angeklagte**. Es war oft schwierig, die Verbrechen der benannten Täter zu beweisen, da viele Opfer schon tot waren. Außerdem verteidigten die Angeklagten oft ihre Taten, indem sie meinten, dass sie einfach den Befehlen von oben gehorchten.

der Prozess trial

das Kriegsverbrechen war crime

der Richter judge

der Beamte civil servant

der/die Angeklagte accused

There are several reasons why it takes so long for Hanna Schmitz to be brought to trial. The main trials of the Nazi elite held in Nuremberg took some time to set up since there was no precedent for international war crimes trials. Churchill's suggestion that the senior Nazi officials be executed without trial was rejected. These major trials had to be held before lesser figures could be brought to justice. In Hanna's particular case, she has spent many years moving from place to place. The authorities eventually catch up with her because of the book published in America by the surviving daughter.

Like other former SS guards, Hanna was most likely trying to live a normal life, adjusting to normality in post-war Germany. Her accusers would have taken time to locate her. As time went on, the Allies began to disagree about how best to deal with war criminals, people's memories became muddled and identities were difficult to establish.

There is a suggestion in Schlink's portrayal of the judge in Hanna's trial that he has been a passive observer in the Nazi period. Nevertheless, as a *Beamter*, he is duty-bound to carry out his role. Such suspicion was not uncommon in post-war Germany. Many individuals who were not necessarily directly involved in the Nazi party were often thought to have colluded by accepting the status quo.

There is more than a passing similarity in Hanna's trial with the trial of Hermine Braunsteiner, 'die Stute von Majdanek', whose treatment of the women and children in her care was inhumane. After the war she had married an American and lived in New York until she was tracked down by a journalist and brought to trial. Despite her husband's refusal to accept the truth of her Nazi past and despite the judge's misgivings about her being such a decent person, she was eventually sentenced to lifelong imprisonment.

Vergangenheitsbewältigung

Für die Nachkriegsdeutschen waren die **Taten** ihrer Familienmitglieder ein großes Problem. Wie war es möglich, dass Hitler zur Macht kommen konnte? Wie konnte das deutsche Volk so blind sein, dass das Regime Millionen von Juden und anderen sozialen Gruppen töten konnte? Die **Entnazifizierung** der deutschen **Gesellschaft** nach dem Krieg mag wohl erfolgreich gewesen sein, aber viele Fragen standen noch offen und es war unmöglich, einen einfachen Schlussstrich unter diese schlimmen Periode der deutschen Geschichte zu ziehen. In den Jahrzehnten nach dem Krieg mussten sich die Deutschen immer wieder mit ihrer NS-Vergangenheit **auseinandersetzen**. Indem Michael erkennt, dass sein Verhältnis mit Hanna unausweichlich ist, setzt er sich mit dem großen Thema **Vergangenheitsbewältigung** auseinander.

die Tat deed

die Entnazifizierung denazification

die Gesellschaft society

sich auseinandersetzen mit to come to terms with, to deal with

die Vergangenheitsbewältigung coming to terms with the past

Wirtschaftswunder economic miracle (in post-war Germany)

In the mid 1980s, the German Chancellor Helmut Kohl talked about 'die Gnade der spät Geborenen', referring to those Germans who were born too late to be held personally responsible for the Holocaust, yet were inextricably linked to it because of their nationality and their cultural heritage. Thus he touched on the theme of *Vergangenheitsbewältigung*, which has dominated German thinking since the Second World War ended.

Bernhard Schlink's novel of 1995 is one of the main examples of literary works that aim to deal with Germany's National Socialist past. We share Michael's journey from his teenage years in the post-war 1950s, to his student days in the 1960s when Germany was enjoying an economic boom (the ***Wirtschaftswunder***), and finally to his adult life in the 1980s as an intellectual German adult trying to come to terms with the nation's past.

Both Hanna and Michael are typical of many Germans who have to confront their past and try to find absolution. Difficult as it is, Michael struggles with his conscience when he visits the concentration camp in Alsace. Hanna finds her absolution in the courtroom by accepting the guilt of others.

The novel breaks the taboo of confronting the horrors of Germany's recent history. Schlink is convinced that Germans, while wishing to promote themselves as responsible citizens on the international stage, will still have to face up to the issue of being German for generations to come.

Build critical skills

Lesen Sie das zweite Kapitel im Zweiten Teil des Romans. Wie sehen Michael und seine Mitstudenten ihre Rolle zu der Zeit der Kriegsverbrecherprozesse? Inwiefern kann man ihre Gefühle verstehen? Wie ändern sich Michaels Gefühle im Laufe der Zeit?

Übungen

Vokabular

1 Welcher Begriff wird hier beschrieben?

1. eine Art Gefängnis für politische Gegner und nicht-arische Gefangene in der Nazi-Zeit
2. Leute, die am Ende des Zweiten Weltkriegs aus z.B. Auschwitz befreit wurden
3. die Organisation, die für die Kontrolle der Gefangenen in z.B. Auschwitz zuständig war
4. ein politisches System, in dem eine einzelne Person oder eine Elite die Macht hat
5. jemand, der im Krieg menschenunwürdige Taten begangen hat
6. die Unfähigkeit, zu schreiben und zu lesen
7. eine Verhandlung vor einem Richter auf dem Gerichtshof
8. eine beschuldigte Person, die vor Gericht erscheinen muss
9. das unerwartet schnelle Wachstum der deutschen Ökonomie in den 50er Jahren
10. die Versuche der deutschen Nation, sich mit der nationalsozialistischen Geschichte auseinanderzusetzen

Grammatik

2 Wählen Sie das richtige Satzende zu jedem Satzanfang. Vorsicht! Es gibt mehr Satzenden als Satzanfänge.

Satzanfänge:

1. Die Nationalsozialisten bauten viele Konzentrationslager, …
2. Hannas zornige Ausbrüche sind überraschend, …
3. Viele Frauen wurden SS-Mitglied, …
4. Wenige Kriegsverbrecher wurden zur Rechenschaft geführt, …
5. In den 50er Jahren wurde Deutschland schnell wiederaufgebaut, …
6. In Schlinks Roman geht es um Vergangenheitsbewältigung, …

Satzenden:

a … da viele Augenzeugen aus den Konzentrationslagern gestorben waren.
b … damit sie politische Gegner einsperren und Juden vergasen konnten.
c … weil sie als SS-Aufseherin gearbeitet hat.
d … um ihre Berufschancen zu verbessern.
e … die in Nachkriegsdeutschland oft ein Tabu-Thema war.
f … sobald die Nürnberger Prozesse zu Ende waren.
g … obwohl das Land 1945 in Trümmern lag.
h … weil sie sonst eine ziemlich zärtliche Frau ist.

3 Erfinden Sie jetzt ein passendes Satzende für jeden Satz. Achten Sie auf die Wortstellung.

1 Michael besucht das Konzentrationslager im Elsass, um ...
2 SS-Aufseher wurden zu Kriegsverbrechern, indem ...
3 Nach dem Krieg war es wahrscheinlich schwierig, Hanna als Kriegsverbrecherin zu verhaften, da ...
4 Wir können Hannas Geschichte mit dem Fall von Hermine Braunsteiner vergleichen, weil ...
5 Die Deutschen konnten nicht so einfach einen Schlussstrich unter ihre Vergangenheit ziehen, weil ...

Verständnis

4 Beantworten Sie die folgenden Fragen auf Deutsch.

1 Wo befinden sich heute die ehemaligen Konzentrationslager?
2 Welches Konzentrationslager besucht Michael?
3 Was weiß man von diesen Konzentrationslagern?
4 Inwiefern ist Michaels Besuch dort erfolgreich?
5 Welche Rolle spielte die SS hinsichtlich der Konzentrationslager?
6 Welche Rolle spielte Hanna bei der SS?
7 Warum wollten Frauen SS-Mitglied werden?
8 Was musste man machen, bevor man SS-Mitglied wurde?
9 Wieso wurden SS-Aufseherinnen wahrscheinlich härter bestraft als ihre ehemaligen männlichen Kollegen?
10 Wie werden Kriegsverbrecher von den Überlebenden betrachtet?
11 Was war das Ziel der Nürnberger Prozesse?
12 Aus welchen Gründen fanden die Prozesse von manchen Kriegsverbrechern erst viele Jahre nach Kriegsende statt?
13 Welche unterschiedlichen Meinungen gab es zu den Richtern bei solchen Prozessen?
14 Warum konnten junge Deutsche die Geschichte der Nazi-Zeit nicht einfach vergessen?
15 Warum war *Der Vorleser* wohl ein wichtiger Nachkriegsroman?

Interpretation

5 „Dieser Roman schildert nicht nur die Geschichte einer Beziehung zwischen zwei Individuen, sondern auch die Entwicklung der deutschen Bevölkerung in der zweiten Hälfte des zwanzigsten Jahrhunderts."

Schreiben Sie einen Absatz zu dieser Äußerung. Zu bedenken:

- wie das Verhältnis zwischen Michael und Hanna anfängt
- wie sich das Verhältnis entwickelt
- inwiefern ihr Verhältnis die Zustände in Deutschland in den Jahrzehnten nach dem Zweiten Weltkrieg darstellt
- ob Sie den Roman als eine Liebesgeschichte oder eher als eine Allegorie betrachten

GRADE BOOSTER

When you are writing about the novel, avoid telling the story. Pick only details which are relevant to the topic you are writing about. Always make your point, give at least one example to illustrate it and then evaluate the significance of the point. Remember that you are aiming to analyse rather than narrate.

Der geschichtliche und gesellschaftliche Hintergrund des Romans

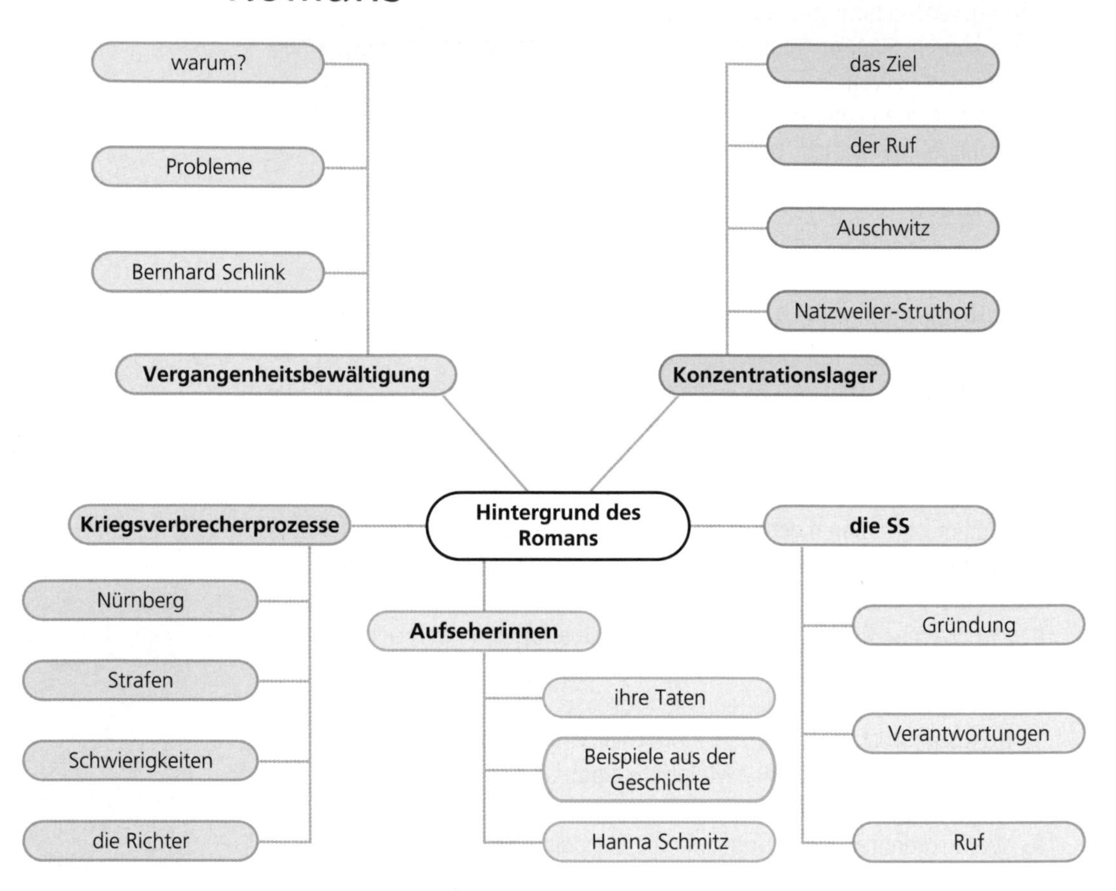

Vokabular

der Analphabetismus illiteracy
der/die Angeklagte accused
arisch Arian
die Aufgabe task, duty
die Aufseherin guard (female)
der Augenzeuge, die Augenzeugin eyewitness
sich auseinandersetzen mit etwas to come to terms with something, to work through something
die Brutalität brutality
die Entnazifizierung denazification
die Führungselite leading elite (in the Nazi party)
der/die Gefangene prisoner
gehorchen to obey
das Gericht court
die Grausamkeit cruelty
das Konzentrationslager concentration camp
der Kriegsverbrecher war criminal
das Opfer victim
quälen to torture
zur Rechenschaft ziehen to bring to justice
der Richter judge
einen Schlussstrich unter etwas ziehen to draw a line under something
die Schuld guilt
die Strafe punishment
das Strafverfahren criminal procedure
die Stute mare
der/die Überlebende survivor
überwachen to oversee
umbringen to kill
verantwortlich für responsible for
das Verbrechen crime
die Verfolgung persecution
die Vergangenheitsbewältigung coming to terms with the past
das Vernichtungslager extermination camp
der Verteidiger defence lawyer
zuständig für responsible for
der Zweite Weltkrieg Second World War

3 Chapter summaries

Erster Teil

schlecht ill, nauseous
sich übergeben to be sick
die Gelbsucht jaundice

Kapitel 1

Dem fünfzehnjährigen Michael Berg wird es auf dem Heimweg von der Schule plötzlich **schlecht** und er **übergibt sich**. Eine Frau nimmt ihn mit in einen Innenhof und wäscht ihm das Gesicht. Sie beruhigt ihn mit einer zärtlichen Umarmung und bringt ihn nach Hause. Michael leidet an **Gelbsucht**. Seine Mutter besteht darauf, dass er sich bei der Frau mit einem Blumenstrauß bedanken muss.

im Rückblick in retrospect/flashback
die Bedeutung significance

Kapitel 2

Der erwachsene Michael Berg als Ich-Erzähler erinnert sich **im Rückblick** an das Haus in der Bahnhofstraße und überlegt, dass dieses Haus eine große **Bedeutung** in seinem Leben gehabt hat. Immer wieder träumt er, dass er das Haus besucht, egal in welchem Land, und versucht hineinzugehen. Doch wenn er jedesmal seine Hand auf die Türklinke legt, wacht er auf.

TASK

1 Im ersten Satz des Romans wird Michael mit Krankheit identifiziert. Welche Bedeutung hat diese Krankheit für Michael? Wie wird das Thema im Roman behandelt?

Activity

1 Ergänzen Sie die folgenden Sätze mit dem passenden Wort aus dem Kasten.

1. Michael Berg ist ....
2. Seine Familie wohnt in der ....
3. Als er sich übergibt, spürt er ein ....
4. Die Frau reinigt sein Gesicht mit ....
5. Nachdem sie Michael gewaschen hat, reinigen sie zusammen den ....
6. Michael leidet an ....
7. Das Haus, in dem die Frau gewohnt hat, ist jetzt ein ....
8. Der Erzähler beschreibt ziemlich genau die .... des Hauses.
9. In Michaels Träumen erscheint das Haus in verschiedenen ....
10. In seinen Träumen gibt es um das Haus ein seltsames ....

Gelbsucht	Lage
Lehrer	Umgebungen
Architektur	Gehweg
Bahnhofstraße	Formen
Schmerzgefühl	Brechreiz
Computergeschäft	Geräusch
Schüler	Wohnblock
Handtüchern	Wasser
Blumenstraße	Schweigen
Innenhof	Schamgefühl

Kapitel 3

Michael geht in die Bahnhofstraße, um sich bei der Frau zu bedanken. Er **erinnert** sich nicht genau an seine **Begegnung** mit Frau Schmitz. In der fensterlosen Küche ist er fasziniert von ihrer Konzentrationsfähigkeit. Er erinnert sich heute an ihre Schönheit.

Kapitel 4

Frau Schmitz lädt Michael ein, mit ihr auszugehen. Als sie sich **umzieht**, sieht er zu, wie sie die Strümpfe über die Beine hochzieht. Er schämt sich und läuft aus dem Haus. Rückblickend sieht er ein, dass ihr **Körper** eine verführerische Kraft hat.

Kapitel 5

In der folgenden Woche fühlt sich Michael von seinen Klassenkameraden **entfremdet**. Deshalb besucht er nochmal das Haus in der Bahnhofstraße. Seine Gefühle sind hin- und hergerissen zwischen erotischen Fantasien und einem schlechten **Gewissen**.

sich erinnern an to remember
die Begegnung meeting
sich umziehen to get changed
der Körper body
entfremdet distanced
das Gewissen conscience

Activity

2 Ergänzen Sie die folgenden Sätze mit der richtigen Form der Reflexivverben in Klammern.

1 Michael will .... Frau Schmitz mit einem Blumenstrauß und ein paar Worten .... (*sich bedanken bei*)
2 Als Michael ankommt, ... Hanna .... dem Bügeln. (*sich beschäftigen mit*)
3 Heute kann .... Michael .... seine Worte an Frau Schmitz kaum .... (*sich erinnern an*)
4 Während Michael im Flur wartet, ... Hanna in der Küche .... (*sich umziehen*)
5 Er stürzt aus dem Haus, ohne .... ihr zu .... (*sich verabschieden bei*)
6 Später .... er .... seine kindischen Reaktionen. (*sich ärgern über*)
7 Heute .... er .... immer noch, wenn er an diesen Moment zurückdenkt. (*sich erregen*)
8 Je mehr er an Frau Schmitz denkt, desto mehr .... er .... zu ihr gezogen. (*sich fühlen*)
9 Er .... in ein Labyrinth von Träumen. (*sich verlieren*)
10 Michael weiß, dass er .... manchmal anders .... als er nach seinem Gewissen vorhat. (*sich verhalten*)

die Straßenbahnschaffnerin female tram conductor

sexuell erregt sexually excited

Kapitel 6

Als Frau Schmitz eines Tages in der Uniform einer **Straßenbahnschaffnerin** nach Hause kommt, wartet Michael. Sie bittet ihn, Koks zu holen. Als er mit Kohlenstaub überdeckt wird, lässt sie ein Bad einlaufen. Nachdem er sich auszieht, wird er **sexuell erregt**. Als sie ihre Hand auf sein Geschlecht legt, gibt er sich zu ihr hin.

▲ Die historische Straßenbahn, die in dem Film von Stephen Daldry benutzt wurde

Key quotation

Manchmal hatte ich das Gefühl, wir, seine Familie, seien für ihn wie Haustiere.

(Erster Teil, Kapitel 7)

wirken to appear

Kapitel 7

Zu Hause sind die Familienverhältnisse etwas gespannt, denn der Vater **wirkt** distanziert. Michaels erstes sexuelles Erlebnis ist der Anfang von einem Abschied von der Familie.

gründlich thoroughly

gespannt tense

Kapitel 8

Ein Ritual beginnt, bei dem Hanna und Michael sich vor dem Liebesakt **gründlich** waschen und sich nachher zusammen ausruhen. Erst nach einer Woche fragt er sie nach ihrem Namen. Es wird **gespannt**, als Hanna ihn aus ihrem Bett wirft, nachdem er ihr seine Schularbeit als „blöd" beschrieben hat.

Activity

3 Wenn man den Inhalt der Geschichte beschreibt, muss man meistens das Präsens benutzen. Formulieren Sie die folgenden im Perfekt geschriebenen Sätze in das Präsens um, damit sie dem Inhalt von diesen drei Kapiteln entsprechen.

1 Michael hat vor der Eingangstür auf Frau Schmitz gewartet.
2 Sie hat ihn in den Keller geschickt, um Koks zu holen.
3 Frau Schmitz hat Michael mit einem großen Frottiertuch abgetrocknet.

4 Michael hat sich nach dem ersten sexuellen Erlebnis in die Frau verliebt.
5 Er hat seine Verspätung bei seiner Familie rechtfertigen müssen.
6 Michael hat seiner Familie eine Lüge erzählt.
7 Michael hat Hanna nach ihrem Vornamen gefragt.
8 Hanna hat sich geärgert, dass Michael ihretwegen die Schule geschwänzt hat.
9 Sie hat ihre Arbeit als Schaffnerin mit seiner Schularbeit verglichen.
10 Hanna hat ihn aus der Wohnung hinausgeworfen.

Kapitel 9

Das Ritual des **Vorlesens** wird zum Teil des Rituals „vorlesen, duschen, lieben". Für eine gemeinsame Fahrradtour scheint sie sich jedoch nicht zu interessieren.

▲ Michael liest Hanna vor – aus dem Film von Stephen Daldry

Kapitel 10

Michael steigt eines Tages unangemeldet in Hannas Straßenbahn. Als sie sich wieder treffen, wirft er ihr vor, ihn ignoriert zu haben. Nach anderen **Missverständnissen** versucht Michael sich bei ihr schriftlich zu entschuldigen, aber sie reagiert nicht darauf.

Kapitel 11

Der gemeinsame Urlaub fängt gut an. In Amorbach kommt es aber zu einem bösen **Streit** und Hanna schlägt mit ihrem **Ledergürtel** aus. Sie bricht in Tränen aus, er tröstet sie und sie lieben sich.

Kapitel 12

Michaels Eltern lassen ihn eine Woche mit seiner kleinen Schwester allein zu Hause. Um ganz allein zu sein, besticht er seine Schwester mit gestohlenen Kleidungsstücken aus einem Warenhaus. Für Hanna stiehlt er auch ein **Nachthemd**.

das Vorlesen reading aloud

GRADE BOOSTER

In your exam answers, remember that you are writing about the novel. Although the film by Stephen Daldry may help you to visualise the events and understand the plot, your literature essay must focus on the novel rather than the film version.

das Missverständnis misunderstanding

der Streit argument

der Ledergürtel leather belt

das Nachthemd nightdress

GRADE BOOSTER

Hanna's annoyance that Michael compares her to a horse may be due to the fact that she is aware of the description of Hermine Braunsteiner as 'die Stute von Majdanek' (see page 11, under 'Kriegsverbrecherprozesse'). Michael also refers to this in the eighth chapter of the *Zweiter Teil*.

Activity

4 Wie gut haben Sie die vier Kapitel verstanden? Sind diese Sätze richtig oder falsch? Schreiben Sie R oder F.

1 Als Jugendlicher trägt Michael immer die neueste Mode.
2 Hanna beantwortet gern alle Fragen über ihre Vergangenheit.
3 Michael zeigt sich gern mit Hanna in der Öffentlichkeit.
4 Wegen Hanna kommt Michael manchmal spät zum Abendessen.
5 Nach der Straßenbahnfahrt wird Michael von Hanna geneckt.
6 Michael hat das Gefühl, dass Hanna jedes Machtspiel gewinnt.
7 Hanna bezahlt für die ganze Osterreise.
8 Michaels Eltern haben kein Vertrauen zu ihm.
9 Michael lehnt den Vorschlag von Ladendiebstahl ab.
10 Hanna findet das seidene Nachthemd wunderbar.

Kapitel 13

Zu Beginn des neuen Schuljahres macht Michael neue Freunde, darunter Sophie. Irritiert bemerkt er, dass Sophie und Hanna ihm beide in den Sinn kommen, wenn er die Odyssee übersetzt.

Kapitel 14

Michael bemerkt, dass sich seine Liebe zu Hanna abkühlt, obwohl das Liebesritual weitergeht. Als sie eines Tages ein Spiel mit **Kosenamen** erfinden, ist Hanna unzufrieden, als Michael sie mit einem **Pferd** vergleicht.

der Kosename nickname, pet name
das Pferd horse

Kapitel 15

Michael beginnt Hanna zu verraten. Seine Klassenkameraden **spüren**, dass er etwas **verheimlicht**, aber er kann ihnen von Hanna nicht erzählen. Auch als Sophie versucht, mit ihm über seine unerklärten Abwesenheiten zu sprechen, schweigt er.

spüren to sense
verheimlichen to keep secret

Activity

5 Ergänzen Sie diese Sätze mit der richtigen Präposition aus dem Kasten.

1 .... Anfang des neuen Semesters wird Michael .... die Untersekunda versetzt.
2 Im Gegensatz .... seinen Klassenkameraden will Michael Kontakt zu den Mädchen in der Klasse haben.
3 .... einiger Streitigkeiten hat Michael noch ein relativ gutes Verhältnis .... Hanna.
4 Die Schüler lesen die Odyssee .... Griechisch und müssen sie .... Deutsche übersetzen.
5 Michael vergleicht das Ende seiner Beziehung .... einem Flugzeugabsturz.
6 .... seiner Besuche liest Michael Hanna immer noch vor.

7 Wenn Michael .... Hanna denkt, sieht er ein Pferd.
8 Als Hanna sich darüber aufregt, muss er sich .... ihr entschuldigen.
9 Hanna ahnt, dass Michael sich nicht mehr .... sie interessiert.
10 Michael will .... Sophie nicht .... Hanna reden.

trotz	während
mit	für
in	an
am	mit
bei	über
ins	auf
mit	zu

Kapitel 16

Michael und Hanna schlafen ein letztes Mal zusammen – intensiver als je zuvor. Als er danach mit seinen Freunden im Schwimmbad ist, **erscheint** sie plötzlich und sieht ihn von weitem an. Sie **verschwindet**, bevor er eine Chance hat, mit ihr zu reden.

Kapitel 17

Dann verschwindet Hanna plötzlich und ohne Erklärung aus Michaels Leben. Er versucht **vergebens**, sie zu finden. Michael ist außer sich. Einerseits hat er eine starke **Sehnsucht** nach ihr; andererseits fragt er sich, ob er für ihr Verschwinden schuldig ist. Die Liebesaffäre ist zu Ende.

erscheinen to appear
verschwinden to disappear

vergebens in vain
die Sehnsucht longing

Activity

6 Es ist wichtig, Michaels und Hannas Gefühle zu verstehen. Verbinden Sie die Beschreibung aus Liste A mit dem Gefühl aus Liste B.

Liste A:	**Liste B:**
1 ein Gefühl der Verantwortung für etwas Böses	a Wut
2 das Gefühl, machtlos zu sein	b Rücksicht
3 großer Ärger	c Peinlichkeit
4 ein inneres Verlangen	d Hilflosigkeit
5 ein Gefühl der Lustlosigkeit	e Gemeinsamkeit
6 Respekt	f Sehnsucht
7 ein Gefühl der Desillusion	g Schuld
8 wenn man sich geschützt fühlt	h Halbherzigkeit
9 Blamage	i Sicherheit
10 Verbundenheit mit einer anderen Person	j Enttäuschung

Build critical skills

1 Michael hat keine Ahnung, warum Hanna am Schwimmbad erscheint. Was meinen Sie dazu? Warum will sie mit ihm sprechen? Warum geht er nicht zu ihr?

Zweiter Teil

körperlich physically
seelisch emotionally

Kapitel 1

Michael vermisst Hanna, **körperlich** und **seelisch**. Er macht mit dem Leben und seiner Ausbildung weiter. Als Sophie nach einer Krankheit wieder auftaucht, schläft er mit ihr. Sie bemerkt, dass er für sie eigentlich kein Interesse hat.

beobachten to observe
der Gerichtssaal courtroom
zur Kenntnis nehmen to acknowledge

Kapitel 2

Während seines Jurastudiums **beobachtet** Michael einen Prozess von Kriegsverbrechern und ist erschüttert, als er Hanna als Angeklagte im **Gerichtssaal** sieht. Er sieht sich als Mitglied einer neuen Generation, die ihre Aufgabe darin sieht, die schreckliche Vergangenheit des deutschen Volkes **zur Kenntnis zu nehmen**.

▲ Der Gerichtssaal bei den Nürnberger Prozessen

GRADE BOOSTER

In your exam essay you will be credited for the accuracy of your written German. The exercises in this section will help you to aim for greater accuracy in your writing. So before you complete this exercise, take time to study and revise the rules for the endings on articles and adjectives in German.

Activity

7 Ergänzen Sie die folgenden Sätze mit den richtigen Endungen.

1. Nach sein..... Abitur studiert Michael Jura.
2. Allmählich vergisst Michael sein..... ehemalig..... Liebhaberin.
3. Er gewöhnt sich an ein..... erfolgreich..... Leben ohne Hanna.
4. D..... letzt..... Jahre auf der Schule sind für Michael glücklich.
5. Er studiert d..... Nazi-Vergangenheit mit sein..... Professor auf d..... Universität.
6. In d..... Seminaren diskutieren sie d..... Thema von rückwirkend..... Bestrafung.
7. Michael sieht Hanna während ein..... KZ-Prozesses wieder.
8. D..... jung..... Studenten fühlen sich von d..... Schuld der Eltern distanziert.
9. Heute schämt er sich über d..... Eifer, mit dem er d..... älter..... Generation verurteilt hat.
10. Als er zu d..... Prozess geht, hat Michael ein Gefühl d..... Neugierde.

Kapitel 3

Als er Hanna sieht, spürt Michael zunächst keine Gefühle. Er erfährt erst jetzt die Wahrheit über ihre Arbeit als SS-Aufseherin in den Kriegsjahren. Ihr **Verteidiger** versucht, ihren ständigen **Wohnortwechsel** in den **Nachkriegsjahren** zu rechtfertigen.

Kapitel 4

Im Gerichtssaal bemerkt er, dass Hanna selten mit anderen spricht und nur einmal zu ihm hinaufschaut. Warum er diese **betäubten** Gefühle hat, kann er nicht verstehen. Er vergleicht diese Gefühle, die andere im Gerichtssaal teilen, mit der **Gefühllosigkeit** der KZ-Häftlinge, die so viel gelitten haben.

der Verteidiger defence lawyer
der Wohnortwechsel change of address
die Nachkriegsjahre post-war years
betäubt numbed
die Gefühllosigkeit lack of feeling

Activity

8 Übersetzen Sie diese Sätze ins Deutsche.

1. The students enjoy watching the trial.
2. Hanna seems not to notice Michael in the courtroom.
3. Hanna was a voluntary member of the SS.
4. Hanna's defence lawyer is younger than the others.
5. After the war Hanna has often moved house.
6. It becomes clear that Hanna has not answered any letters from the police.
7. Hanna appears supercilious because she does not speak to the other accused women.
8. During the court proceedings Michael feels numbed.

9 It is common to have a feeling of numbness when you read about the Holocaust again and again.
10 He and his generation find it difficult to come to terms with the annihilation of the Jews.

der Brand fire
veröffentlichen to publish

der Eindruck impression
widersprechen to contradict

verdächtig suspicious

Kapitel 5

Ein Anklagepunkt gegen Hanna und vier andere Frauen ist die Auswahl von Frauen, die getötet werden sollten. Der zweite ist die Bombardierung einer Kirche, in der die Aufseherinnen mehrere hundert Frauen eingesperrt hatten. Da die Aufseherinnen die Kirche während der Bombardierung nicht aufgemacht haben, sind die Frauen im **Brand** gestorben. Es überlebten zwei Frauen: eine Mutter und deren Tochter, die ein Buch darüber **veröffentlicht** hat.

Kapitel 6

Hanna macht vor dem Gericht keinen positiven **Eindruck**. Sie **widerspricht** dem Richter und fragt ihn sogar, wie er in einer solchen Situation gehandelt hätte.

Kapitel 7

Hanna wird vorgeworfen, dass sie junge schwache Mädchen ausgewählt hätte, Zeit mit ihr zu verbringen, bevor sie sie in den Tod schickte. Die anderen Aufseherinnen finden Hannas Motive **verdächtig**.

GRADE BOOSTER

You will be credited for using a wide variety of structures in your exam essay. Avoid starting every sentence in the same way. This exercise helps you to think about how to vary the syntax in your writing.

Activity

9 Drücken Sie diese Sätze anders auf Deutsch aus.
Beispiel:
Die meisten Aufseherinnen haben die Bomben nicht überlebt.
Die Bomben haben die meisten Aufseherinnen getötet.

1 Eine Überlebende schrieb ein Buch.
Ein Buch wurde ....
2 Die Arbeit in der Munitionsfabrik war nicht schwer.
In der Fabrik musste ....
3 Alles ging mit der Bombennacht zu Ende.
Die Bombennacht ....
4 Viele Gefangene waren in einer Kirche eingeschlossen.
Die Gefangenen konnten ....
5 Hanna widerspricht dem Richter.
Mit dem Richter war Hanna ....
6 Hanna ärgert den Richter.
Der Richter findet ....
7 Hanna wird von einem Anwalt befragt.
Ein Anwalt stellt ....
8 Hanna spricht nicht von sich aus.
Hanna sagt ....

Kapitel 8

Nach dem Prozess liest Michael das Buch der Überlebenden und erlebt schon wieder ein Gefühl der Betäubung. Er kann Hanna in dem Buch nicht **erkennen**. Jetzt erfährt er von den Details des Brands in der Kirche.

Kapitel 9

Alle Angeklagten geben **Ausreden** dafür, dass sie die Kirche nicht aufgemacht haben. Sie sagen auch, dass der schriftliche **Bericht** über die **Ereignisse** falsch sei. Eine besonders gehässige Angeklagte will die ganze Schuld auf Hanna schieben. Sie gerät in Panik und gesteht, den Bericht geschrieben zu haben.

Kapitel 10

Michael wird plötzlich klar, dass Hanna Analphabetin ist. Er versucht, all ihre Taten durch ihren Analphabetismus zu **rechtfertigen**. Jedoch weiß er, dass seine Liebe zu Hanna ihn auch schuldig gemacht hat.

erkennen to recognise

die Ausrede excuse
der Bericht report
das Ereignis event

rechtfertigen to justify

Build critical skills

2 Wie fühlt sich Hanna während der Verhörung vor Gericht, Ihrer Meinung nach? Warum gesteht sie vor Gericht, dass sie den Bericht geschrieben hat? Inwiefern kann man diese Entscheidung verstehen? Welche anderen Hinweise gibt es früher im Roman, dass Hanna Analphabetin ist?

Activity

10 Ergänzen Sie diese Sätze mit einer passenden subordinativen Konjunktion.

1. In ihrem Buch beschreibt die überlebende Tochter, die Zeit, ... sie im KZ war.
2. Michael liest das Buch mit großem Interesse, ... er Hanna in dem Bericht nicht genau identifizieren kann.
3. Vielen gefangenen Frauen war es kalt, ... sie unpassende Kleidung getragen haben.
4. .... die Bomben die Kirche getroffen haben, ist das Gebäude in Brand geraten.
5. Der Richter will wissen, ... die Angeklagten die Wahrheit erzählen.
6. Er hat das Gefühl, ... der Bericht falsch ist.
7. Hanna wird während des Prozesses verwirrt, ... sie sich schließlich als Autorin des Berichts bekennt.
8. Michael spaziert durch einen Wald, ... er auf einmal Hannas Geheimnis versteht.
9. .... er diese Tatsache versteht, kann er auch ihr ganzes Verhalten ihm gegenüber verstehen.
10. .... er Hanna geliebt hat, hat er sich auch schuldig gemacht.

Key quotation

Ich war Zuschauer gewesen und plötzlich Teilnehmer geworden, Mitspieler und Mitentscheider.

(Zweiter Teil, Kapitel 11)

mitschuldig implicated

der Rat advice

die Lüge lie

erleben to experience

die Bilder der KZs pictures of the concentration camps

Kapitel 11

Michael fühlt sich **mitschuldig** und glaubt, dass er zum Richter gehen sollte, um Hannas Analphabetismus zu erklären, denn er sieht, dass Hanna leidet.

Kapitel 12

Michael sucht **Rat** von seinem Vater und ihm wird bewusst, dass er mit dem Richter nicht sprechen kann. Schließlich hat Hanna ihre eigene Entscheidung getroffen, eine **Lüge** zu erzählen.

Kapitel 13

Michael kann sich nicht auf sein Studium konzentrieren. Er **erlebt** schlimme und zugleich sexuell erregende Träume und Fantasien. Auch denkt er an **die Bilder der KZs**, die zu Klischees geworden sind, weil man sie so oft sieht.

▲ Kinder in Auschwitz im Jahre 1945

Activity

11 Bauen Sie Ihr Vokabular auf, indem Sie die Lücken ausfüllen.

	Substantiv	Verb	Adjektiv
1	der Brand /	brennen / verbrennen	.........../ ....
2	.........../	kämpfen	....
3	der Eindruck	....	.........../ ....
4	.........../ ..../	fangen	....
5	.... /	....	fremd
6	.... /	wachsen	....
7	....	....	leicht
8	.... /	antworten /	....
9	.... /	helfen	....
10	der Traum /	....	....

Kapitel 14

Michael besucht ein Konzentrationslager im Elsass. Mit einem Autofahrer bespricht er die Gründe dafür, dass Leute in den Konzentrationslagern morden konnten. Der Mann provoziert Michael, indem er die Kriegsverbrecher mit einem **Henker** vergleicht, der nur seinen **Dienst** tut.

Kapitel 15

Michael besucht das Lager zum zweiten Mal. Er wollte sich beim ersten Besuch das **Leiden** der Gefangenen konkret vorstellen, konnte es aber nicht. Trotz seiner Versuche, Hannas Verbrechen zu verstehen und zu **verurteilen**, kommt er zum Schluss, dass das unmöglich ist. Die Besuche in dem Konzentrationslager sind **umsonst** gewesen.

der Henker executioner
der Dienst duty
das Leiden suffering
verurteilen to condemn
umsonst in vain

Activity

12 Finden Sie in der Zusammenfassung der zwei Kapitel Wörter oder Ausdrücke, die diesen Wörtern oder Ausdrücken entsprechen.

1 diskutiert
2 töten
3 Parallelen zieht
4 einfach die Befehle ausführt
5 damals
6 obwohl er sich bemüht
7 für schuldig halten
8 hatten keinen Sinn

Kapitel 16

Michael fühlt sich von Hanna **ausgenutzt**. Obwohl er nicht direkt mit ihr reden will, geht er trotzdem zum Richter, um ein **Fehlurteil** zu verhindern. Hannas **Fall** wird aber nicht besprochen. Auf dem Nachhauseweg meint Michael, dass er in den Alltag zurückkehren kann.

Kapitel 17

Hanna wird zu lebenslänglicher **Haft** verurteilt. Die Zuschauer im Gerichtssaal werden immer **empörter**, bis einige **Beleidigungen** ausrufen.

ausnutzen to exploit
das Fehlurteil wrongful conviction
der Fall case
die Haft imprisonment
empört indignant
die Beleidigung insult

Activity

13 Schreiben Sie diese Sätze in die passende Passivform um.

1 Hanna hat Michael getäuscht.
2 Michael könnte ein Fehlurteil verhindern.
3 Der Richter empfängt Michael in seinem Zimmer.
4 Der Richter und Michael diskutieren alles außer Hannas Situation.
5 Während des Gesprächs hört man Alltagsgeräusche von draußen.
6 Der Richter verkündet das Urteil Ende Juni.
7 Man führt die Angeklagten unbemerkt in den Gerichtssaal.
8 Die Zuschauer schreien Hanna an.
9 Man hält Hanna für eine Kriegsverbrecherin.
10 Man verurteilt Hanna zu lebenslänglicher Haft.

Build critical skills

3 Warum will Michael Hanna vergessen? Wie realistisch ist es? Was will Bernhard Schlink damit andeuten?

Dritter Teil

sich vertiefen in to become engrossed in

die Ehe marriage

leiden to suffer

Kapitel 1

Nach dem Prozess **vertieft** sich Michael in seine Arbeit, aber er kann weder den Prozess noch Hanna vergessen.

Kapitel 2

Michaels **Ehe** zu Gertrud dauert nur fünf Jahre. Die fünfjährige Tochter Julia **leidet** schwer darunter. Egal mit welchen Frauen Michael ein Verhältnis hat, gelingt es ihm nicht, Hanna zu vergessen.

Key quotation

Ich mußte eigentlich auf Hanna zeigen. Aber der Fingerzeig auf Hanna wies auf mich zurück. Ich hatte sie geliebt. Ich hatte sie nicht nur geliebt, ich hatte sie gewählt.

(Dritter Teil, Kapitel 1)

Build critical skills

4 Wie oft wird die Odyssee erwähnt? Welche Bedeutung hat die griechische Sage im Roman?

Activity

14 Ergänzen Sie die folgenden Sätze mit einem passenden Relativpronomen, damit sie dem Sinn des Textes entsprechen.

1. Die betäubten Gefühle, ... Michael während des Prozesses entwickelt hat, bleiben.
2. Hanna, ... eine so wichtige Figur in seinem Leben war, will er vergessen.
3. Michael, ... kein guter Skifahrer ist, riskiert viel beim Skifahren.
4. Die anderen Studenten, mit .... er in Urlaub fährt, interessieren sich für die Studentenbewegung.
5. Das KZ-Seminar, an .... Michael teilgenommen hat, hat die Generation seines Vaters zu Scham verurteilt.
6. Gertrud, mit .... Michael eine Tochter hat, ist eine intelligente Frau.
7. Das Verhältnis, ... sie zusammen haben, kann mit Michaels Beziehung zu Hanna nicht verglichen werden.
8. Michael und Gertrud, ... Tochter alles nachempfindet, lassen sich scheiden.
9. Andere Frauen, ... Michael später trifft, wollen von Hanna nichts hören.
10. Michael hört auf, von seiner Vergangenheit zu reden, ... für ihn das Einfachste ist.

die Beerdigung funeral

ehemalig former

aufdringlich pushy

erforschen to research

befriedigend satisfying

Kapitel 3

Auf dem Weg zur **Beerdigung** seines alten Professors erinnert sich Michael wieder an Hanna. Als ein **ehemaliger** Mitstudent **aufdringlich** wird und intime Fragen stellt, springt Michael in eine Straßenbahn und fährt nach Hause.

Kapitel 4

Während Gertrud Richterin wird, **erforscht** Michael das Recht im Dritten Reich. Er findet das Studium der Vergangenheit gegenüber der Gegenwart **befriedigend**, da er dadurch die Welt in Ordnung bringen kann.

Activity

15 Bilden Sie neue Sätze mit einem Infinitivsatz.

1 Michael zeigt seinem alten Professor Respekt. (*beabsichtigen*)
Michael beabsichtigt, seinem alten Professor ....
2 Er denkt nicht an Hanna und die Vergangenheit. (*unmöglich sein*)
3 Ein ehemaliger Kollege stellt Fragen über Michaels Verhältnis zu der Angeklagten. (*versuchen*)
4 Gertrud findet einen Beruf als Richterin. (*gelingen*)
5 Michael arbeitet bei einem Professor auf der Universität. (*die Entscheidung treffen*)
6 Er bringt durch sein Forschen die Welt in Ordnung. (*hoffen*)
7 Michael erforscht die Verbindung zwischen Vergangenheit und Gegenwart. (*gefallen*)
8 Zu dieser Zeit liest Michael die Odyssee wieder. (*vorhaben*)

Kapitel 5

Michael beginnt, für Hanna auf Kassetten vorzulesen. Zuerst **nimmt** er die ganze Odyssee **auf**, dann weitere Texte von den großen **Dichtern** und **Schriftstellern**, die er kennt.

Kapitel 6

Nach vier Jahren erhält er einen Dankbrief. An der schweren Schrift erkennt er, dass Hanna das Lesen und Schreiben gelernt hat. Hanna macht Bemerkungen zu den Texten, die er ihr vorliest. Er **beschränkt** seine Aufgabe nur auf das Vorlesen.

aufnehmen to record
der Dichter poet
der Schriftsteller author

beschränken to limit

Activity

16 Wählen Sie das passende Satzende für jeden Satzanfang.

Satzanfänge

1 Michael hätte Hanna die Kassetten nicht geschickt, ...
2 Er hätte Hanna vergessen, ...
3 Er hätte sich von Gertrud nicht scheiden lassen, ...
4 Er hätte experimentelle Literatur vorgelesen, ...
5 Hanna hätte die Bücher selbst gelesen, ...

Satzenden

a ... wenn sie seine Gedanken nicht dominiert hätte.
b ... wenn sie keine Analphabetin gewesen wäre.
c ... wenn er die Odyssee nicht gelesen hätte.
d ... wenn die Ehe erfolgreicher gewesen wäre.
e ... wenn er und Hanna das gebraucht hätten.

17 Vervollständigen Sie diese Sätze mit einem Kausalsatz mit *wenn*.

1 Hanna hätte den Dankbrief nicht geschrieben, ...
2 Hannas Schrift wäre besser gewesen, ...

Key quotation

Analphabetismus ist Unmündigkeit. Indem Hanna den Mut gehabt hat, lesen und schreiben zu lernen, hatte sie den Schritt aus der Unmündigkeit zur Mündigkeit getan, einen aufklärerischen Schritt.
(Dritter Teil, Kapitel 6)

3 Hanna hätte die verschiedenen Autoren nicht als Zeitgenossen betrachtet, ...
4 Michael hätte Hanna einen Brief geschrieben, ...
5 Michael hätte Hannas Grüße nicht aufgehoben, ...

erhalten to receive

entlassen to release

sich unterhalten mit to talk to

erzählen to tell

Kapitel 7

Michael **erhält** einen Brief von der Leiterin von Hannas Gefängnis. Als der einzige Kontakt mit der Außenwelt soll Michael für Hanna Wohnung und Arbeit besorgen, denn sie wird bald aus der Haft **entlassen** werden. Ohne weiteres erfüllt Michael alles, aber er besucht Hanna nicht.

Kapitel 8

Michael findet Hanna auf einer Bank und **unterhält** sich mit ihr. Sie hat sich geändert, aber sie nennt ihn noch „Jungchen" und scheint froh, ihn zu sehen. Hanna **erzählt** Michael, dass sie im Gefängnis oft an die Toten gedacht habe.

Activity

18 Verbinden Sie die Wörter in Liste A mit den Bedeutungen in Liste B.

Liste A	Liste B
1 freigeben	a Miete
2 Gefängnisstrafe	b Kastanie
3 Verwaltung	c Haft
4 Geld für eine Wohnung	d verscheuchen
5 sicher	e geborgen
6 amnestieren	f entlassen
7 schattiger Baum	g Geruch
8 Aroma	h Behörden
9 Hochachtung	i Bewunderung
10 wegtreiben	j begnadigen

TASK

2 Lesen Sie Kapitel 8 im Dritten Teil und Kapitel 1 im Ersten Teil des Romans. Vergleichen Sie Michaels Reaktionen auf Hannas Aussehen. Warum sind seine Reaktionen wichtig?

die Vorbereitung preparation

verraten betrayed

die Stimme voice

abwehren to fend off

das Schulterzucken shrug of the shoulders

Kapitel 9

In der nächsten Woche macht Michael die **Vorbereitungen** für Hannas Entlassung. Er ist empört, dass sie ihre Schuld herunterspielt, und fühlt sich von ihr **verraten**. Am Telefon bemerkt er, dass ihre **Stimme** noch ganz jung geblieben ist.

Kapitel 10

Am nächsten Tag erfährt Michael, dass sich Hanna erhängt hat. Er **wehrt** die Fragen der Gefängnisleiterin über sein Verhältnis mit Hanna mit einem **Schulterzucken ab**. In der Zelle findet er Bücher über Konzentrationslager, die Hanna gelesen hat. Er soll Hannas restliches Geld der überlebenden Tochter in Amerika geben.

Activity

19 Wählen Sie das richtige Pronomen.

1 Michael kann (*ihn / sich / er*) auf seine Arbeit nicht konzentrieren.
2 Er denkt viel an Hanna und richtet eine Wohnung für (*sie / ihr / sich*) ein.
3 Der Besuch bei (*sie / ihr / ihm*) hat ihm zu schaffen gemacht.
4 Als er mit der Gefängnisleiterin spricht, erzählt (*ihm / er / sie*) von ihrer Nervosität.
5 Obwohl Hanna alt geworden ist, ist (*seine / ihre / ihr*) Stimme jung geblieben.
6 Die Gefängnisleiterin möchte mehr über Hanna und Michael wissen und was zwischen (*sie / ihr / ihnen*) gewesen ist.
7 Sie führt Michael in Hannas Zelle und zeigt (*ihm / ihn / sich*) alles.
8 An der Wand sieht Michael ein Bild von (*ihr / ihm / sich*).
9 Die Teedose und (*seiner / ihren / ihr*) Inhalt soll Michael wegnehmen.
10 Als Michael Hannas Leiche auf der Krankenstation sieht, spürt (*er / sie / es*) keine Emotionen.

Kapitel 11

Im Herbst besucht Michael die überlebende Tochter in New York. Während der Hinfahrt träumt er nochmal von einer **gemeinsamen** Zukunft mit Hanna. Er erklärt der Überlebenden, was Hanna **beauftragt** hat, und will das Geld und eine **Teedose** überreichen. Er erzählt, dass er Hannas Vorleser war, dass sie Analphabetin war und dass er eine Beziehung zu Hanna hatte. Die Tochter sieht dies als weiteren **Beweis** für Hannas Brutalität. Sie vereinbart mit Michael, dass er das Geld an eine jüdische **Stiftung** spenden soll.

gemeinsam joint, mutual
beauftragen to instruct
die Teedose tea caddy
der Beweis proof
die Stiftung foundation

Build critical skills

5 Wie reagiert die Tochter auf die Nachricht von Hannas Tod und auf Michaels Besuch? Ihrer Meinung nach, warum reagiert die überlebende Tochter nicht auf die Tatsache, dass Hanna Analphabetin ist? Das hätte ihr schließlich die harte Strafe einer lebenslänglichen Haft gespart.

Activity

20 Vervollständigen Sie diese Sätze, indem Sie die kursiv gedruckten Wörter in die richtige Reihenfolge bringen.

1 Es dauert ein paar Monate, (*nach / fährt / bis / Amerika / Michael*).
2 Er muss von Boston nach New York fahren, (*besuchen / die / um / Tochter / zu / überlebende*).

3 Auf dem Weg zu ihr (*er / Sehnsucht / Hanna / spürt / wieder / starke / nach / eine*).
4 Die überlebende Tochter spricht zuerst auf Englisch, (*wechselt / aber / Deutsche / sie / ins / dann*).
5 Sie will wissen, (*ist / warum / er / ihr / gekommen / zu*).
6 Michael bemerkt, (*Ton / sachlich / bleibt / ihr / dass*).
7 Michael gesteht, dass er Hannas Vorleser war und (*die / er / erwähnt / auch / Liebesbeziehung*).
8 Die Frau ist schockiert (*Beziehung / von / hören / zu / der*).
9 Sie macht den Vorschlag, (*Geld / geben / dass / er / Stiftung / eine / Hannas / an / soll*).
10 Die Frau behält die Teedose, (*sie / sie / da / eigene / erinnert / an / ihre*).

Key quotation

Die **Schichten** *unseres Lebens ruhen so dicht aufeinander auf, daß uns im Späteren immer Früheres begegnet, nicht als Abgetanes und Erledigtes, sondern gegenwärtig und lebendig.*

(Dritter Teil, Kapitel 12)

die Schicht level, layer

Kapitel 12

Michael stellt sich viele Fragen und fühlt sich von Schuldgefühlen **gequält**. Ist er für Hannas **Selbstmord** verantwortlich? Ist er mitschuldig, indem er mit ihr geschlafen hat? Er will die Geschichte jetzt aufschreiben. Als Intellektueller kann er eine Brücke zwischen Vergangenheit und Gegenwart bauen. Wie versprochen schickt er das Geld an die Jewish League Against Illiteracy. Er geht mit dem Dankbrief von der Stiftung nur ein einziges Mal an Hannas **Grab**.

gequält tortured
der Selbstmord suicide
das Grab grave

Activity

21 Finden Sie in dem letzten Kapitel Sätze mit der gleichen Bedeutung.
1 Es ist jetzt ein ganzes Jahrzehnt, seitdem alles passiert ist.
2 Nachdem Hanna gestorben ist, habe ich beschlossen, alles schriftlich zu erzählen.
3 Mein Ziel war eigentlich, die ganze Affäre zu vergessen.
4 Alles, was geschehen ist, machte mich eigentlich melancholisch.
5 Aber ab und zu kann ich alles fast nicht leiden.

Übungen

Erster Teil

1. Wann treffen sich Hanna und Michael zum ersten Mal?
2. Wie wird Hanna zuerst beschrieben?
3. Wie reagiert Michael auf sein Erbrechen vor Hannas Wohnblock?
4. Wie verhält sich Hanna Michael gegenüber?
5. Was bemerkt Michael, als Hanna ihn umarmt?
6. Warum schickt Michaels Mutter ihn in die Bahnhofstraße zurück?
7. Warum kann der Ich-Erzähler das alte Haus nicht mehr sehen?
8. Wie stellt sich der Ich-Erzähler in seinen Erinnerungen das alte Haus vor?
9. Welches Zeichen gibt es dafür, dass das Haus in der Bahnhofstraße für ihn von großer Bedeutung war?
10. Warum sieht er das Innere des Hauses in seinen Träumen nicht?
11. Wie fühlt sich Michael, als er zum zweiten Mal zu Frau Schmitz geht?
12. Warum läuft Michael bei dem zweiten Besuch in der Bahnhofstraße weg?
13. Was erfährt Michael über sich selbst im fünften Kapitel des Ersten Teils?
14. Wie erfährt Michael, dass Hanna als Straßenbahnschaffnerin arbeitet?
15. Was passiert im Keller, als Michael den Koks holt?
16. Wie überredet Hanna den Jungen, in ihrer Wohnung ein Bad zu nehmen?
17. Welche gemischten Gefühle hat Michael während er badet?
18. Was überrascht Michael, als Hanna mit einem Badetuch zu ihm kommt?
19. Wie erklärt Michael seine Verspätung, als er nach dem ersten sexuellen Erlebnis mit Frau Schmitz nach Hause kommt?
20. Was für ein Mann ist Michaels Vater?
21. Wie reagiert Michaels Mutter, als ihr Sohn ihr erzählt, er möchte wieder in die Schule gehen?
22. Warum will Michael wohl wieder zur Schule gehen?
23. Wie lange dauert es, bis Michael Frau Schmitz nach ihrem Vornamen fragt?
24. Warum ist er überrascht, dass sie seinen Namen nicht kennt?
25. Was passiert, als Michael ihr erzählt, dass er die Schule schwänzt?
26. Was erfahren wir in Ersten Teil des Romans über Hannas Vergangenheit?
27. Wieso endet Michaels Straßenbahnfahrt unglücklich?
28. Warum lässt Michael Hanna allein im Hotelzimmer in Amorbach liegen?
29. Was passiert, als er zurückkommt?
30. Warum klaut Michael Waren aus einem Geschäft?

31 Wie findet Hanna die Bücher in dem Arbeitszimmer von Michaels Vater?
32 Wer ist Sophie?
33 Warum fühlt sich Michael schuldig, dass er viel Zeit mit seinen Klassenkameraden verbringt?
34 Aus welchem Grund ist Michael überrascht, als Hanna am Schwimmbad erscheint?
35 Welche Gefühle hat er, nachdem Hanna verschwunden ist?

Zweiter Teil

36 Wie entwickelt sich Michaels Laufbahn als Student?
37 Welches Zeichen gibt es dafür, dass er Hanna nicht völlig vergessen hat?
38 Wie fühlt sich Michael wohl, als er Hanna im Gerichtssaal erkennt?
39 Wie unterscheidet sich Michaels Generation von der Generation seiner Eltern?
40 Warum war die Firma Siemens eine wichtige Firma in der Nazi-Zeit?
41 Warum fühlt sich Michael wohl betäubt, als er im Gerichtssaal sitzt?
42 Wie verhält sich Hanna vor dem Gericht?
43 Was finden die anderen Aufseherinnen an Hanna so verdächtig?
44 Warum blickt Hanna zu Michael auf, als das Gericht von dem Vorlesen im KZ erfährt?
45 Wieso konnten die Mutter und die Tochter sich aus der Kirche retten?
46 Was macht Michael gerade, als ihm plötzlich bewusst wird, dass Hanna weder lesen noch schreiben kann?
47 Welche Folgen hat Hannas Analphabetismus für sie gehabt?
48 Warum will Michael dem Richter von Hannas Analphabetismus erzählen?
49 Was für eine Person ist Michaels Vater seinen Kindern gegenüber?
50 Warum besucht Michael nicht das Konzentrationslager Auschwitz-Birkenau?
51 Was ist der Zweck von diesem Besuch?
52 Inwiefern sind seine Besuche erfolgreich?
53 Was bespricht Michael mit dem Vorsitzenden Richter?
54 Was will Michael am Ende des Prozesses machen?
55 Was ist der Unterschied zwischen dem Urteil gegen Hanna und dem Urteil gegen die anderen Angeklagten?
56 Warum wirkt Hanna am Ende des Prozesses wie eine SS-Aufseherin?

Dritter Teil

57 Warum vertieft sich Michael in seine Arbeit, nachdem der Prozess zu Ende ist?
58 Wie unterscheidet sich Michael von seinen Mitstudenten?
59 Warum endet Michaels Ehe mit Gertrud nach fünf Jahren?

60 Wie fühlt sich Julia, als sich die Eltern scheiden lassen?
61 Warum sind Michaels Beziehungen zu anderen Frauen unbefriedigend?
62 Wie endet Michaels Besuch bei der Beerdigung seines alten Professors?
63 Welche Einstellung hat Gertrud zu Michaels Arbeit auf der Universität?
64 Was erforscht Michael insbesondere?
65 Warum fängt Michael an, für Hanna auf Kassetten vorzulesen?
66 Wodurch erfährt Michael, dass Hanna ihren Analphabetismus überwunden hat?
67 Wie reagiert er darauf?
68 Was verlangt die Gefängnisleiterin von Michael?
69 Was macht Hanna gerade, als Michael sie besucht?
70 Wie reagiert sie auf ihn?
71 Was bemerkt er an ihr?
72 Inwiefern könnte man behaupten, dass Hanna während ihrer Haft gelitten hat?
73 Wie fühlt sich Michael, nachdem er Hanna besucht hat?
74 Wo sollte Hanna nach ihrer Entlassung arbeiten?
75 Warum macht sich die Gefängnisleiterin Sorgen um Hannas Entlassung?
76 Was merkt Michael an Hannas Stimme?
77 Wann und wo erhängt sich Hanna?
78 Wie reagiert Michael auf die Fragen der Gefängnisleiterin?
79 Was überrascht Michael in Hannas Zelle?
80 Wieso bleibt Hannas Tod unerklärt?
81 Was verlangt Hanna von Michael nach ihrem Tod?
82 Was macht Michael nach Hannas Tod, um sich mit der ganzen Geschichte auseinanderzusetzen?

Die wichtigsten Ereignisse des Romans

Vor dem Anfang des Romans	Hanna zieht von Siebenbürgen in die deutsche Hauptstadt Berlin, wo sie bei der Firma Siemens arbeitet Zwischen 1943 und 1945 arbeitet sie als SS-Aufseherin in Konzentrationslagern Am Ende des Kriegs zieht sie von Ort zu Ort, bis sie wieder in Berlin landet Michael ist 1943 geboren
Erster Teil (1958–59)	Hanna als Straßenbahnschaffnerin; Michael als Schüler Michael begegnet Hanna Liebesverhältnis und Ritual Michael geht auf die Oberstufe Gemeinsamer Urlaub und Streit Michael findet neue Freunde Hanna verschwindet
Zweiter Teil (1966–69)	Michaels Abitur und Studium Hanna erscheint vor Gericht Michael besucht das KZ Natzweiler-Struthof Die Überlebende als Zeugin Hannas Analphabetismus wird deutlich Michaels Gespräch mit seinem Vater Sie wird zu lebenslanger Haft verurteilt Michael heiratet Gertrud; Geburt der Tochter Julia
Dritter Teil (1973–84)	Scheidung von Gertrud Michael schickt Kassetten an Hanna Hanna lernt lesen und schreiben Wiedersehen im Gefängnis Vorbereitungen für die Entlassung Hannas Selbstmord Michael besucht die Überlebende in New York Michael geht ein einziges Mal an Hannas Grab
1994	Michael trifft die Entscheidung, seine und Hannas Geschichte aufzuschreiben

Vokabular

ahnen to suspect
der Anwalt lawyer
die Aufarbeitung processing, reappraisal
ein Bad einlassen to run a bath
die Badewanne bathtub
begnadigen to reprieve, to pardon
beobachten to observe
betäubt numbed
betrogen deceived
blöd stupid
die Bloßstellung exposure, outing
der Buchstabe letter, character
der Dozent lecturer
der Eifer eagerness, enthusiasm
das Elend misery
sich empören to become indignant
entlassen to release
das Entsetzen horror
sich erhängen to hang oneself
sich an etwas erinnern to remember something
die Erinnerung memory
das Fehlurteil wrongful conviction
die Flucht flight, escape
der Friedhof cemetery
das Gedächtnis memory
der/die Gefangene prisoner
das Gefängnis prison
der Gehorsam obedience
die Gelbsucht jaundice
die Gerechtigkeit justice
der Gerichtssaal courtroom
die Gerichtsverhandlung court case
der Geruch smell
das Geschlecht gender, (also) sex organ
das Gewissen conscience

das Gnadengesuch petition for pardon
das Grab grave
die Haft custody, imprisonment
der Häftling detainee
der Henker executioner
das Jurastudium law studies
zur Kenntnis nehmen to take note of, to address (an issue)
der Koks coke for heating
der Lederriemen leather strap, belt
der Mut courage
das Plädoyer plea (in court)
der Referendar intern, legal clerk
rückwirkend retrospectively
sachlich factual, objective
der Scherge thug, henchman
schwänzen to play truant
die Sehnsucht longing
die Selbstdarstellung self-revelation
die Stiftung charity foundation
eine Strafe verbüßen to serve a sentence
der Türspalt crack in the door
sich übergeben to be sick, vomit
die Unmündigkeit mental immaturity
verführen to seduce
sich verirren to get lost
verlegen embarrassed
verleugnen to lie to, to deny
verraten to betray
das Versprechen promise
verteidigen to defend
verurteilen to condemn
verweigern to refuse
verzeihen to forgive
der Vorwurf reproach
der Wasserhahn tap
die Wut fury, rage
zärtlich tender

4 Themes

To gain a better understanding of Bernhard Schlink's motives for writing the novel, we need to investigate the themes that he introduces and to trace their development throughout the work. Sometimes a theme is introduced as a leitmotif that reminds the reader of a recurrent idea. Sometimes the theme changes and grows as the novel unfolds. As you study the novel, keep a list of important references which link to each theme that you identify, and make a note of how the author develops the theme. Five of the main themes in *Der Vorleser* are:

- love (*Liebe*)
- guilt (*Schuld*)
- coming to terms with the past (*Vergangenheitsbewältigung*)
- illiteracy (*Analphabetismus)*
- Michael's journey (*Michaels Reise*)

Thema: Liebe

Wir dürfen nicht vergessen, dass der Roman als eine **Liebesgeschichte** anfängt, allerdings eine **Liebesaffäre** zwischen einem fünfzehnjährigen Jungen und einer älteren Frau. Die Liebe zwischen Michael und Hanna ist obsessiv und sexuell. Er schwänzt sogar die Schule, um mit ihr zusammen zu sein. Nach dem Ende der Affäre versucht Michael, sie aus dem Kopf zu kriegen, hat aber große **Schwierigkeiten** damit, denn Hanna dominiert auch seine Träume. Andere Frauen, wie Sophie oder Gertrud, sind für ihn eine **Enttäuschung**. Als er Hanna vor Gericht sieht, **fühlt er sich** nochmal **zu** ihr **hingezogen**.

die Liebesgeschichte love story
die Liebesaffäre love affair
die Schwierigkeit difficulty
die Enttäuschung disappointment
sich hingezogen fühlen zu to feel drawn to

Michael's love for Hanna develops out of a chance meeting. The passionate love affair that ensues after the initial seduction in the bath may seem shocking but becomes gradually more beautiful as the affair develops from being purely physical to a more emotional bond.

For Michael, the raw physical relationship is in direct contrast to his sober intellectual home life. Making love with Hanna allows him to forget the world, to shut out all the cares of his family and school life. His happiness is symbolised in the singing of the blackbird outside the window while they are in bed together.

What the relationship means for Hanna is less clear and even borders on sado-masochism. Indeed we can ask to what extent she has manipulated the seduction. When he returns from the coal bunker covered in black dust, she does not hesitate in making him strip off to take a bath. We are left to decide for ourselves whether her role in this is more than just fatal attraction.

Their relationship sours as they begin to spend more time together, a process that comes to a head in Amorbach. When Michael returns to the hotel room, her

Key quotation

In der folgenden Nacht habe ich mich in sie verliebt. Ich schlief nicht tief, sehnte mich nach ihr, träumte von ihr, meinte, sie zu spüren, bis ich merkte, daß ich das Kissen oder die Decke hielt.

(Erster Teil, Kapitel 7)

passionate feelings turn to aggression and violence as she strikes his face with her belt, an action that clearly reminds her of her time as an SS guard.

As time passes, Michael feels that he deceives Hanna by forming other relationships, but when she re-emerges in his life, he cannot stay away. When she is to be released he takes great care preparing for her imminent freedom. He becomes to all intents and purposes her next of kin.

During the second part of the novel, the love theme develops a more complex aspect as Michael realises he has become guilty by association with a war criminal. By sleeping with Hanna, he has symbolically embraced her guilt and has no choice but to try to come to terms with it.

▲ David Kross und Kate Winslet in dem Film von Stephen Daldry

Thema: Schuld

der Prozess trial
die Schuld guilt
gestehen to admit

Während des **Prozesses** bekennt Hanna ihre **Schuld** als Aufseherin. Sie **gesteht** vor Gericht, dass sie den Bericht über den Brand in der Kirche geschrieben habe. So steht das Thema Schuld im Mittelpunkt des Romans. Jedoch ist Schlinks Behandlung dieses Themas viel komplizierter. Hannas Schuld ist nicht einfach, denn es stellt sich heraus, dass sie weder lesen noch schreiben kann. Warum lügt sie? Außerdem erkennt Michael, dass auch er sich mitschuldig gemacht hat, indem er mit Hanna geschlafen hat. Seine Mitschuld verkörpert sich in dem Liebesritual des Waschens, bei dem Hanna und Michael sich **rein** waschen, um nicht **kontaminiert** zu werden. Bernhard Schlinks Absicht ist uns zu zeigen, dass das komplizierte Schuld-Thema auf vielen **Ebenen** verstanden werden kann.

rein pure
kontaminiert contaminated
die Ebene level

Hanna's guilt appears unequivocal. As an SS guard she has been responsible for the transportation of prisoners to their deaths and in addition has been charged with causing the deaths of hundreds of women by refusing to open the doors of a burning church in which they are being kept prisoner.

However, she is guilty in other ways too. Her seduction of Michael, a minor some 20 years her junior, is nothing short of abusive despite the intensity of their passion. In the relationship she is manipulative and domineering, playing on his emotions to satisfy her own lust. At times, she is also guilty by becoming aggressive, no more so than in Amorbach when she strikes out at her young lover.

Michael is also guilty, or at least feels guilt in various ways. He feels intense guilt because of his sexual fantasies, which are at odds with his strictly moral upbringing. He feels guilty for letting down Sophie and later his wife and their child Julia, who loses out on the security of a stable family after the divorce of her parents. He feels guilty because he does not tell the judge about Hanna's illiteracy at the crucial moment in the trial and he commits a criminal offence by shoplifting for his sister. Above all, he realises that his greatest guilt is in sleeping with Hanna. His subsequent feelings of shame haunt him when he finds out that she is on trial for war crimes. So guilt pervades the whole of Michael's life.

The theme of guilt is linked with contamination and purification. When Michael first meets Hanna, he has been sick as a result of jaundice. She washes him before taking him home. On the next visit when she asks him to go to the coal bunker, he ends up covered in black coal dust. Again she washes him clean. The act of washing becomes part of their love ritual, symbolising Hanna's desire to cleanse herself and him of any guilt in the relationship. This purification ritual that seems natural is contrasted with the chemically pure water of the swimming pool where Michael meets his friends. When Michael visits Hanna in prison, he is struck by the fact that she no longer smells pure. Whereas she used to smell fresh and appealing, he now only detects that she smells like an old lady. He can now see her as she really is and she can no longer hide her guilt.

Who then should judge the guilty? The students at the trial believe that they should wipe out the guilt of their fathers by administering severe punishments to those responsible for the horrors of the Holocaust. For Schlink this is too easy a solution. Hanna tells Michael in prison that only the dead can demand justice from her, and Michael resents the ease with which she says this because he feels that he too deserves justice for her crimes against him. Schlink poses the question whether guilt can be atoned for. Michael is left wondering why Hanna leaves the tea caddy with the 7,000 Deutschmark to the survivor of the fire in the church. Is she trying to gain approval or to atone for her sins? The question is not answered.

Key quotation

Auch das Gericht konnte nicht Rechenschaft von mir fordern. Aber die Toten können es. Sie verstehen.

(Dritter Teil, Kapitel 8)

Key quotation

Also blieb ich schuldig. Und wenn ich nicht schuldig war, weil der Verrat einer Verbrecherin nicht schuldig machen kann, war ich schuldig, weil ich eine Verbrecherin geliebt hatte.

(Zweiter Teil, Kapitel 10)

gesetzlich legal
die Aufarbeitung reappraisal, processing
die Vergangenheit past
der Einzelne individual
sich beschäftigen mit to address
provozieren to provoke

Thema: Vergangenheitsbewältigung

Dieses Thema ist für Michael sowie für alle Deutschen der Nachkriegszeit von größter Bedeutung. Während die Prozesse für eine **gesetzliche Aufarbeitung** der **Vergangenheit** sorgen, muss sich auch jeder **Einzelne** mit dem Problem auseinandersetzen. Trotz der Freude der neuen Generation in der Nachkriegszeit kann Michael dem Gefühl nicht entfliehen, dass er **sich** mit dem Holocaust und mit Hannas Vergangenheit **beschäftigen** muss. Deshalb fühlt er sich immer wieder zum Prozess hingezogen. Auf diese Weise **provoziert** Bernhard Schlink den heutigen Leser dazu, ernste Fragen über die deutsche Vergangenheit zu stellen.

Key quotation

Unsere Eltern hatten im Dritten Reich ganz verschiedene Rollen gespielt. ... Wir alle verurteilten unsere Eltern zu Scham, und wenn wir sie nur anklagen konnten, die Täter nach 1945 bei sich, unter sich geduldet zu haben.

(Zweiter Teil, Kapitel 2)

Michael and other young law students are sure that they understand their responsibilities towards war criminals. They are confident that by apportioning blame and administering punishment, they can sweep away the memories of the past and so come to terms with Germany's guilt.

However, the complexities of Hanna's case make Michael question the whole issue. He concludes that to come to terms with history, it is necessary to destroy the barriers that stand between the past and the present and to embrace both worlds. As a young lawyer who specialises in law in the Third Reich, he realises how difficult it is to face up to the legacy of the past.

The conflict between Michael's and his father's generation is tense. While the older generation feel they have brushed off their past, the younger generation have to be committed to trying to understand it.

As he observes Hanna's trial, Michael realises that Hanna is not guilty alone. Her guilt is shared by the others who were present, possibly by the villagers who failed to act to protect the women prisoners, and potentially by the judges, some of whom have a National Socialist past. More importantly, he reaches the conclusion that he must share her guilt because of his past liaison with her. His love affair with Hanna symbolises the fact that he has embraced her and Germany's guilt. Hanna's acceptance of her guilt is personal to her alone.

Key quotation

Hanna konnte nicht lesen und schreiben.

(Zweiter Teil, Kapitel 10)

erfahren to learn, find out
weder… noch… neither… nor…
verschwinden to disappear
wütend furious
sich schämen to be ashamed

Thema: Analphabetismus

Erst spät im Roman **erfahren** wir, dass Hanna Analphabetin ist: Sie kann **weder** lesen **noch** schreiben. Diese Tatsache, die Hanna immer verheimlicht hat, spielt am Ende der Affäre zwischen ihr und Michael eine entscheidende Rolle. Der Zettel, den er auf dem Tisch im Hotelzimmer hinterlässt, **verschwindet**. Erst als Michael während des Prozesses von Hannas Analphabetismus erfährt, wird ihm klar, dass sie den Zettel nicht lesen konnte und deswegen so **wütend** geworden ist. Sie **schämt sich** darüber, dass sie Analphabetin ist, und will nicht bloßgestellt werden. Michael versteht auch nicht, warum Hanna ihren

Analphabetismus vor dem Gericht verheimlicht. Hanna **überwindet** ihren Analphabetismus im Gefängnis. Dort lernt sie das Lesen und das Schreiben und liest Werke über die nationalsozialistische Vergangenheit.

überwinden to overcome

It takes time for the full relevance of the novel's title to become clear. We only learn in Part 2 of the book that Hanna is illiterate. Only then does it become clear why she has encouraged Michael to read aloud to her and why she strikes out at Michael after he has innocently left a note to explain his early morning departure from the hotel room in Amorbach.

Hanna's formative years have been in Siebenbürgen, an agricultural area in Transylvania in what is now Romania. We never learn why she has not learned to read or write, but presumably these skills were not necessary in her childhood. Her decision to leave Siemens in Berlin to become an SS guard is based on her illiteracy. At Siemens she has been offered a job with more responsibility: we assume that she would be required to be literate in this new post.

This flight from reality has always been part of Hanna's life. Her whole existence is taken up with hiding her condition for fear of exposure and ridicule. Hanna is ashamed of her inability to read or write and fails even to reveal this fact to the judge during her trial.

Michael's reading aloud to Hanna becomes an essential part of their love ritual. However, he questions later why she wanted this to happen. Has she used him for her own pleasure or has his reading been a genuine part of their relationship? He continues the ritual by sending cassettes to her when she is in prison. Her illiteracy makes us empathise with her predicament, particularly when we realise that she has learned to read and write in prison. This is even more relevant when Schlink reveals that the reason for her taking young women to her quarters in the concentration camp was to have them read to her.

The difficult moral issue related to the theme surrounds the degree to which it excuses Hanna's guilt. Does her illiteracy, her inability to read or indeed to write the fateful report, shed light on her dilemma? It would be easy to dismiss Hanna as a cruel and sadistic war criminal who deserves any punishment given to her. However, Schlink's intention is to sow doubt in the reader's mind and to highlight the complexities of apportioning guilt for war crimes.

Build critical skills

Warum nimmt Hanna die jüngeren Gefangenen mit auf ihre Quartiere? Was halten die anderen Angeklagten von dieser Situation? Inwiefern kann man Michaels Reaktion darauf verstehen?

Thema: Michaels Reise

Sein ganzes Leben lang ist Michael **rastlos**, sowohl beruflich als auch privat. Nachdem er seinem Elternhaus **den Rücken kehrt**, glaubt er, mit Hanna sein Glück gefunden zu haben. Doch bald geht diese Beziehung auseinander. Weitere Verhältnisse **scheitern** auch, vor allem seine Ehe mit Gertrud. Im Laufe der Geschichte kommt Michael zum Schluss, dass das Leben als eine lange Reise **betrachtet** werden muss. Schon als Schüler hat er die Odyssee von Homer gelesen und dieses Werk **taucht** immer wieder als zentrales Motiv in dem Roman **auf**.

rastlos restless

etwas den Rücken kehren to turn one's back on something

scheitern to fail

betrachten to view

auftauchen to emerge

Key quotation

Ich las damals die Odyssee wieder, die ich erstmals in der Schule gelesen und als die Geschichte einer Heimkehr in Erinnerung behalten hatte.

(Dritter Teil, Kapitel 4)

Michael's interest in the *Odyssey* has started at school and continues into his later life. He refers to the ancient Greek belief that you cannot bathe in the same river twice since memory clouds reality. Thus, his memories of Hanna, which he presents as if they were pictures, are mere snapshots of their past together.

When he first encounters the saga in classics lessons at school he compares himself to the Greek hero Odysseus. Like him he is seeking peace and contentment. But how will he find this? He wonders whether Nausikaa, the Greek princess, more resembles Sophie, his school friend, or Hanna, his passionate lover. Will his life be determined by spiritual or physical love?

As a young lawyer he returns to the *Odyssey* and makes comparisons with his own situation. He feels 'zugleich zielgerichtet und ziellos, erfolgreich und vergeblich'. In his emotionally isolated state he cannot come to rest. Just like for Odysseus, homecoming, *Heimkehr*, is for him impossible.

Notably, the *Odyssey* is the first book that Michael reads aloud to Hanna on cassette. Even when she is in prison he still harbours the hope that she will give him the contentment that he seeks. However, as he struggles to come to terms with his emotional journey, he eventually realises that this will not happen. He has been duped by Hanna into a false sense of belonging. This explains why his final action before writing his story is to visit Hanna's grave. At last he begins to find peace of mind.

Übungen

Vokabeln

1 Ergänzen Sie diese Sätze mit Wörtern aus dem Kasten unten. Zwei Wörter sind überflüssig.

1 Indem Hanna Michael badet, will sie ihre und seine Schuld ....
2 Weil er mit Hanna geschlafen hat, muss Michael auch einigermaßen Verantwortung für die Vergangenheit ....
3 Mit den geschenkten 7.000 Mark ist es möglich, dass Hanna für ihre Schuld .... will.
4 Viele Deutsche der Nachkriegsgeneration konnten nicht ohne Schwierigkeiten mit der deutschen Vergangenheit ....
5 Die jungen Jurastudenten, mit denen Michael befreundet ist, meinen, sie könnten ohne weiteres die Vergangenheit ....
6 Es wird Michael klar, dass die jüngere Generation die Schuld der Vergangenheit .... muss.
7 Hanna will ihren Analphabetismus unbedingt ....
8 Im Gefängnis hat Hanna die Chance, ihren Analphabetismus zu ....
9 Der Leser soll darüber .... , ob Hanna sich im Laufe des Romans geändert hat.
10 Mit der Zeit hofft Michael, sein Verhältnis mit Hanna zu ....

vertuschen	tragen
zurechtkommen	akzeptieren
überwinden	erinnern
nachdenken	vergessen
aufarbeiten	löschen
bezahlen	büßen

Verständnis

2 Beantworten Sie diese Fragen zu den Themen im Roman auf Deutsch.

1 Warum kommt Hanna vor Gericht?
2 Aus welchem Grund lügt sie während des Prozesses?
3 Wie betrachten die jungen Jurastudenten Kriegsverbrechen?
4 Warum ändert sich Michaels Meinung zu Kriegsverbrechen im Laufe des Romans?
5 Was ist wohl mit dem Zettel passiert, den Michael für Hanna im Hotelzimmer liegen lässt?
6 Warum erinnert sich Hanna an ihre Aktionen als SS-Aufseherin, nachdem sie Michael mit ihrem Gürtel schlägt?

7 Inwiefern ist die Affäre zwischen Hanna und Michael schockierend?
8 Wie ändern sich Michaels Gefühle gegenüber Hanna im Laufe der Geschichte?
9 „Man kann nicht zweimal im gleichen Fluss schwimmen." Was bedeutet diese Idee für Michael im Rahmen des Romans?
10 Inwiefern ändert sich Hanna im Laufe ihres Lebens?

Interpretation

3 Der letzte Satz im Roman lautet: „Es war das erste und einzige Mal, daß ich an ihrem Grab stand." Diskutieren Sie die Bedeutung dieses Satzes mit anderen in der Gruppe und beziehen Sie sich dabei auf die Hauptthemen des Romans. Schreiben Sie dann einen Absatz, um die Ideen zusammenzufassen.

Aufsatz

4 Erklären Sie, was für Sie das wichtigste Thema in dem Roman ist. In Ihrer Antwort könnten Sie die folgenden Punkte erwähnen:

- Ihre persönliche Wahl für das wichtigste Thema
- wie Bernhard Schlink dieses Thema präsentiert
- wie sich das Thema im Verlauf des Romans entwickelt
- Beispiele aus dem Text
- warum dieses Thema wichtiger ist als andere.

Schreiben Sie zwischen 250 und 300 Wörter.

Die Hauptthemen des Romans

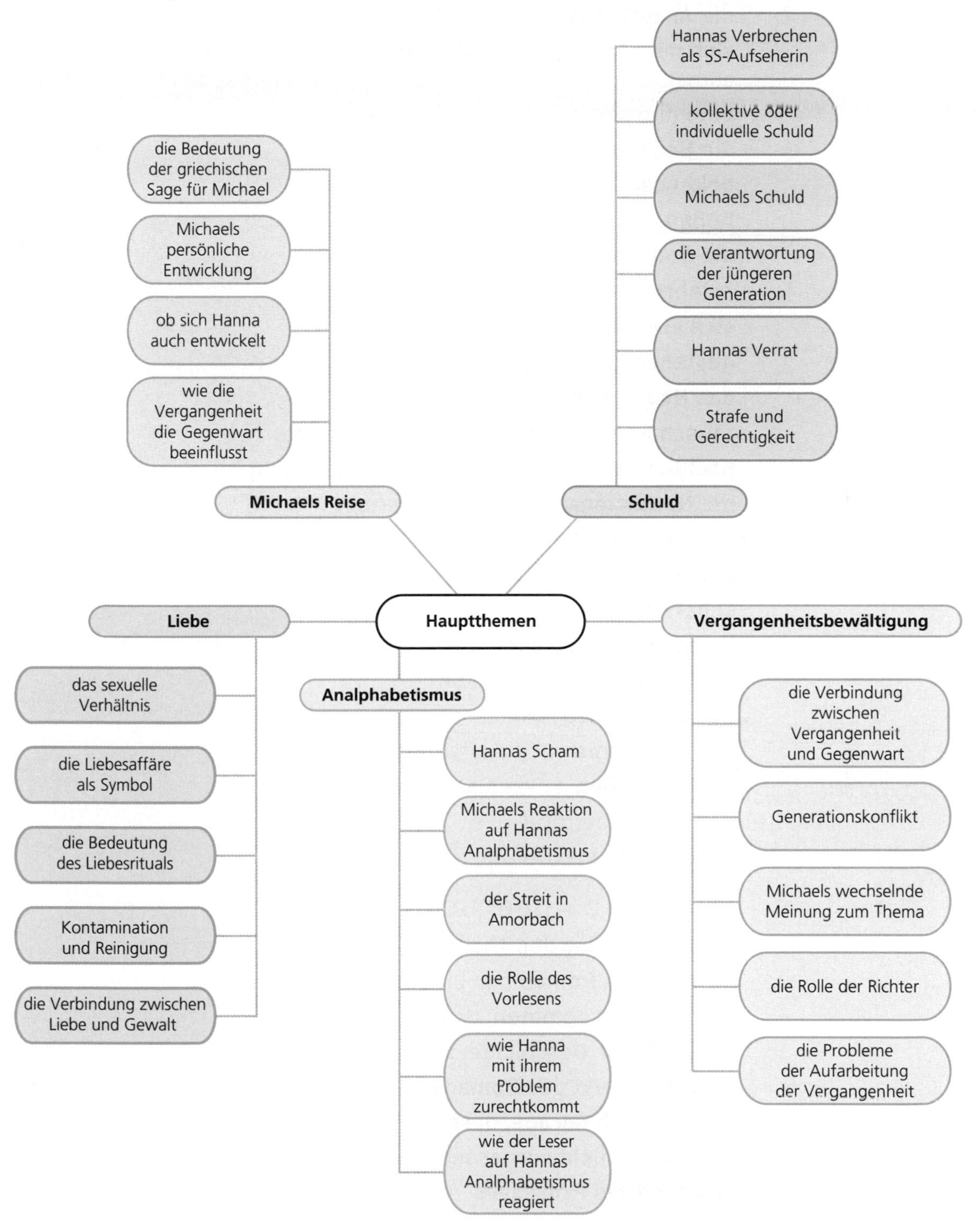

Vokabular

die Analphabetin female illiterate person
sich mit etwas auseinandersetzen to come to terms with something
beeinflussen to influence
die Behandlung treatment
bekennen to confess
büßen to atone
die Enttäuschung disappointment
erfahren to learn, to find out
sich erinnern an to remember
gestehen to admit
das Hauptthema main theme
mitschuldig implicated; partly responsible
nachdenken über to consider, to think about
die Nachkriegszeit post-war period
die Reinigung purification
die Schande disgrace
scheitern to fail
Verantwortung tragen to bear responsibility
die Verbindung connection
das Verbrechen crime
das Verhältnis relationship
verheimlichen to keep secret
der Verrat betrayal
vertuschen to cover up, to gloss over

Nützliche Ausdrücke

die Behandlung des Themas the treatment of the theme
erst spät im Roman not until late in the novel
zum Schluss kommen, dass to conclude that
im Laufe der Geschichte in the course of the story
im Mittelpunkt des Romans at the core of the novel
es stellt sich heraus, dass it turns out that
wir dürfen nicht vergessen, dass we must not forget that
während des Prozesses during the trial

5 Characters

Michael Berg

▲ Ralph Fiennes als der ältere Michael in dem Film von Stephen Daldry

Key quotation

Aber ich erkenne heute im damaligen Geschehen das Muster, nach dem sich mein Leben lang Denken und Handeln zueinander gefügt oder nicht zueinander gefügt haben.

(Erster Teil, Kapitel 5)

Wir erleben den Protagonisten Michael Berg aus zwei Perspektiven: erstens als der Jugendliche, dessen **Laufbahn** wir folgen, und dann auch als der Ich-Erzähler, der rückblickend seine Geschichte mit Hanna Schmitz erzählt. Doch in dem Fünfzehnjährigen erkennen wir auch viele **Charaktereigenschaften**, die zu seiner Persönlichkeit als Erwachsener gehören. Er stammt aus einer anständigen bürgerlichen Familie, hat drei Geschwister und benimmt sich wie ein alterstypischer **Heranwachsender**. Da er erst spät in der Kriegszeit geboren ist, hat er den Horror der Nazi-Zeit nicht aus erster Hand erlebt. Der intelligente junge Mann gehört zu der **Nachkriegsgeneration**, die sich von der jüngsten Geschichte distanzieren will, die aber eng damit verbunden ist. Die zufällige Begegnung mit Hanna Schmitz und die darauffolgende Liebesaffäre ändern sein Leben und seine **Weltanschauung** derart, dass er immer introspektiver wird. Im Laufe des Romans wird ihm immer bewusster, dass sein und Hannas Leben untrennbar verbunden sind. Nachdem sie ihn verführt hat, fängt eine intensive Liebesaffäre an und die Attraktion zu Hanna kann er nicht loswerden, auch nachdem sie auseinander gegangen sind. Michael **verkörpert** die Nachkriegsgeneration in Deutschland, die sich mit der Vergangenheit auseinandersetzen muss, egal wie unangenehm das für sie ist.

die Laufbahn career

die Charaktereigenschaft character trait

der Heranwachsende adolescent

die Nachkriegsgeneration post-war generation

die Weltanschauung philosophy of life

verkörpern to embody, to represent

GRADE BOOSTER

In your exam essay you will be credited for using good varied vocabulary. When you are making notes about characters, build up a bank of interesting adjectives. For example, for Michael you could use: *nachdenklich*, *anständig*, *betäubt*, *liebesbedürftig*. Prepare for your exam by adding a sentence in German to demonstrate the relevance of each adjective.

Michael Berg is a normal teenager of the post-war generation. The third eldest of four children, he is a slightly gauche boy who wears cast-off clothes from a rich uncle, perhaps an early indication of his inextricable links with the past. When we meet him first he is in the middle of puberty in the search for his own identity. He is beginning to seek a way to break away from his middle-class parents, a caring mother and an intellectual and rather cold father. The chance meeting with Hanna Schmitz when he vomits on the pavement outside her flat is the beginning of an intense relationship. He becomes intensely aware of his own sexuality and is unable to stay away.

Michael is clearly a capable and intelligent boy. Despite his prolonged illness he quickly catches up with his classmates and manages the transfer to the next grade. While there is a great deal of emotional turmoil in his relationship with Hanna, he also manages to pass the Abitur and to gain a place at university to study law. Here too his intellect shines through and he goes on to research the laws of the Third Reich. His intellect enables him to take an objective view of his own situation. Although we meet him at the beginning of Part 2 as a member of the young intellectual elite who want to sweep away the sins of the fathers, he soon realises that he is different. He does not share his fellow students' eagerness to condemn their forefathers outright and he is less interested in the student protests of the 1960s in which the desire for change was prevalent.

This intellectual side to his character is also the reason why he often becomes introspective. Early on he manages to convince himself that there is good reason to go back to visit Hanna after he has been mesmerised by her pulling on her stockings. His conscience and social convention tell him to stay away, but he is unable to resist the temptation. As he matures, this same ability to use reasoning to justify his actions is seen in his recording of readings for the imprisoned Hanna.

His love for Hanna offers him an escape, a secure sense of identity and independence from his family. However, it also brings a feeling of guilt and shame that he can never cast off. In essence he has been manipulated, even abused, by a woman who is 21 years his senior. The intensity of their physical relationship makes it impossible for him to forge satisfactory relationships with other women. His wife Gertrud is his intellectual equal but does not fulfil his need for love and their marriage ends in amicable divorce. He finds other women attractive but never manages to establish the same degree of physical intimacy that he felt as a 15-year-old.

It is important to see Michael's character in symbolic terms. His jaundice at the beginning of the novel can be interpreted as Germany's weakness following the horrors of the war. His love affair with Hanna and his inability to free himself from the fatal attraction can be seen as the nation's attempt to reconcile itself with its past. By sleeping with Hanna he embraces the past, and he is unable to shake it off despite all his attempts to do so. At the end of the novel he faces up to the reality that the past will always be with him.

Hanna Schmitz

▲ Kate Winslet als Hanna Schmitz in dem Film von Stephen Daldry

Key quotation

Sie hatte einen sehr kräftigen und sehr weiblichen Körper, üppiger als die Mädchen, die mir gefielen und denen ich nachschaute.

(Erster Teil, Kapitel 4)

Wenn Michael die neue Generation verkörpert, muss man Hanna als ein Symbol für die deutsche Vergangenheit interpretieren. Es wäre einfach, sie als die Verkörperung des **Bösen** zu betrachten, aber der Roman lässt vieles in ihrem Charakter offen. Wie Michael sind auch wir erstaunt, als wir von ihrer Arbeit als KZ-Aufseherin erfahren, und wir teilen seine Empörung über ihre Taten und ihre Schuld. Außerdem hat sie als ältere Frau einen jungen naiven Jugendlichen **verführt** und für ihre Liebesbedürfnisse ausgenutzt. Trotzdem wirkt sie oft als **liebevoll**, sensibel, mütterlich und genau so liebesbedürftig wie ihr jüngerer Liebhaber. Was sie zu ihrer Stelle als KZ-Aufseherin geführt hat, ist unklar. Sah sie darin eine bessere Position in der Gesellschaft? War sie einfach naiv und, wie sich Michael fragt, einfach zu dumm? Natürlich steht Analphabetismus am **Kern** ihres Charakters. Erst während des Prozesses erfährt Michael davon und ist zunächst schockiert, dann erleichtert. Jetzt versteht er, warum sie so gehandelt hat, warum sie den Zettel in Amorbach nicht gelesen hat. Mit Michaels Freude über die Erkenntnis, dass Hanna weder lesen noch schreiben kann, mischt sich tiefe Trauer, dass Hanna **sich schämt** und sich immer geschämt hat. Sie hat immer Angst gehabt, dass sie als Analphabetin **bloßgestellt** wird. Jedoch gesteht sie vor Gericht, den Bericht über den Brand in der Kirche geschrieben zu haben. Im Gefängnis setzt sich Hanna mit der Vergangenheit aus, indem sie möglichst viele Bücher über Konzentrationslager liest. Einigermaßen bekommt sie eine Absolution für ihre Schuld, auch wenn die überlebende Tochter und Michael ihr nur teilweise verzeihen können.

das Böse evil

verführen to seduce

liebevoll affectionate

der Kern core, crux

sich schämen to be ashamed

bloßstellen to expose

TASK
Erforschen Sie die Rolle der Firma Siemens im Dritten Reich. Warum war diese Firma wichtig in der Geschichte der Zeit? Warum hat Hanna wohl die Firma verlassen?

Hanna appears first as an adult concerned for Michael's welfare. She appears physically strong and reacts instinctively to his illness and distress, comforting him in her arms. Michael is immediately aware of her strong physical presence, which quickly turns to sexual desire as he sees her changing. In retrospect it seems that Hanna is aware of her influence on him. When he returns she does not hesitate in seducing him into her bed to satisfy her own physical desires.

Hanna seems to be socially isolated. The only contact we know her to have apart from Michael is in her work as a tram conductor. The other residents of the block of flats know her but she seems to have no relationship with them. In her dealings with Michael she is direct and almost unemotional. Her own history, from humble beginnings in Siebenbürgen to her work at Siemens and then to her job as a concentration camp guard, only becomes understandable when Michael sees her at the war crimes trial.

Despite her past, Hanna is presented as a sensitive, caring figure. For Michael she becomes almost like a mother. He compares her drying of him after a bath with his own mother who would do the same when he was young. She calls him 'Jungchen' as if she is acutely aware of the age difference between them. And even in prison she still remains calm and reflective about her own situation.

GRADE BOOSTER
You will note similarities between the details in the life of the protagonist, Michael Berg, and in the life of Bernhard Schlink (see the notes you made in the task on page 5). If Schlink's novel is autobiographical it is so only inasmuch as it is his personal attempt to reconcile himself with Germany's past.

Hanna's sensitive side is counteracted by occasional outbursts of temper, which can spill over into violence. For example, when Michael suggests that she is like a horse, she cannot rest until he has fully explained his reasoning. The worst outburst is in Amorbach when she lashes out with her leather belt. In retrospect we associate this with her possible harsh treatment of female prisoners in the concentration camp. Or is it in fact only an expression of her frustration at being illiterate?

Her illiteracy explains much about her actions. However, it does not explain why she lies to the court about having written the report. By accepting the collective guilt of the group of female SS guards on trial, Hanna partially absolves herself, while the others turn on her. Her acceptance of her guilt is the beginning of a process that ends with her suicide. Her determination to learn to read and write in prison is a pathway to understanding and absolution. Michael is incensed by her belittling of her crimes when she tells him that only the dead can bring her to justice, not the living. But Schlink begs the question about the extent to which she can be blamed for her actions.

Hanna's decision to end her own life is also left unexplained. Whether it is because she cannot face life outside prison, which for her has been like living in a convent, whether she decides to punish herself for her crimes, whether she still wants to take control of her own destiny or whether she wants finally to unburden Michael are all questions which Schlink leaves open at the end of the novel.

GRADE BOOSTER

If your exam essay is about a character, it is important to view the character from all sides. Avoid concentrating on only one aspect of the person: for example, by showing both Hanna's sensitive and caring side as well as her fiery temper, and revealing her troubled past, Schlink makes us question whether we like her or not and highlights Michael's mixed feelings for her.

Michaels Familie

Während der Geschichte versucht Michael, sich von seiner Familie zu distanzieren, obwohl das eine **enge** Familie zu sein scheint. Als Professor der Philosophie wirkt der Vater distanziert und **behandelt** seine Kinder „wie Haustiere". Als Michael ihn aufsucht, um um **Rat** zu bitten, ist das Gespräch schwierig. Die Mutter ist eine konventionelle Person, die sich um das **Wohl** ihrer Familie kümmert. Jedoch scheint sie für Michael keine große Bedeutung zu haben und es fragt sich, warum sie selten in der Erzählung vorkommt. Die **freche** jüngere Schwester bildet einen Gegensatz zu Michael, indem sie in die Zukunft schaut. Während Michael alte Kleidung vom Onkel trägt, **neigt** sie eher **zu** Bluejeans und Nickis.

eng close
behandeln to treat
der Rat advice
das Wohl wellbeing
frech cheeky
neigen zu to tend towards

Michael's father remains distant from his family both emotionally and physically. When Michael visits him to seek advice about his role in Hanna's trial, he has to make an appointment as if he were one of his father's students. During the Nazi period the father lost his professorship after giving a lecture on the Jewish philosopher Spinoza. Perhaps this explains his distance from the real world and his flight into abstract thought. He seems to lack Michael's worldliness, although Michael assumes that his father was an idealist in his youth. Michael's conversation with his father in Part 2 is unsatisfactory: the father can only discuss his son's situation in the most abstract terms, while Michael seeks concrete answers to his dilemma.

Michael's mother is a respectable middle-class woman whose sole job is to care for her family and ensure that they respect social conventions. Thus she insists that Michael returns to thank Hanna with a bunch of flowers when he recovers from his illness. By insisting on Michael's adherence to social norms, she unwittingly sends him into Hanna's arms. Similarly she and her husband unintentionally allow the relationship to develop further by leaving Michael alone at home where Hanna can visit him.

Michael's siblings play only a minor role in the novel. While his elder brother and younger sister provoke and tease him, the elder sister is more understanding and

Key quotation

Ich fühlte mich wie bei einem Abschied. Ich war noch da und schon weg. Ich hatte Heimweh nach Mutter und Vater und den Geschwistern, und die Sehnsucht, bei der Frau zu sein.

(Erster Teil, Kapitel 7)

becomes a figure of security and trust for Michael. His younger sister plays an important role in engaging him in criminal behaviour by encouraging him to steal jeans from a department store. When he realises he can do this, he also steals a silk nightdress for Hanna. Like her parents, the sister is an unwitting accomplice in Michael's illicit affair.

Gertrud

verheiratet married
der Gegensatz contrast
die Oberfläche surface
die Ausstrahlung aura
sich scheiden to divorce

Die Frau, mit der Michael fünf Jahre lang **verheiratet** ist, bildet einen starken **Gegensatz** zu Hanna. Auf der **Oberfläche** scheinen Gertrud und Michael zusammen zu passen, denn sie hat auch Jura studiert. Sie lernen sich während eines Skiurlaubs kennen und heiraten, nur weil Gertrud ein Kind erwartet. Aber sie hat für Michael nicht die gleiche körperliche **Ausstrahlung** wie Hanna. Trotz der Versuche der fünfjährigen Tochter Julia lassen sie **sich scheiden**. Das machen sie ohne Bitterkeit und bleiben in Kontakt.

Key quotation

Ich habe nie aufhören können, das Zusammensein mit Gertrud mit dem Zusammensein mit Hanna zu vergleichen, und immer wieder ... hatte ich das Gefühl ... daß sie falsch riecht und schmeckt.

(Dritter Teil, Kapitel 2)

Gertrud becomes a successful judge and belittles Michael's choice of profession as a university research lecturer. She views this as a failure to live up to the demands and challenges of the modern world. Unlike Michael who seeks to reconcile past and present, Gertrud is a practical and purposeful character who looks to the future.

Übungen

Vokabular

1 Zu welcher Person im Roman passt jeder Satz?

1 .... kann Michaels körperliche Bedürfnisse nicht befriedigen.
2 .... hat gelegentliche Wutausbrüche.
3 .... ist eine distanzierte, intellektuelle Figur.
4 .... kümmert sich um das Wohl der Familie.
5 .... vertritt die Nachkriegsgeneration.

Verständnis

2 Wählen Sie das beste Satzende für jeden Satz.

1 Michael befindet sich in einer Zwangslage, ...
a weil seine sexuellen Bedürfnisse seinem moralischen Wissen widersprechen.
b und er will sich von seiner Familie trennen.
c sondern er geht ein zweites Mal zu Hanna.

2 Eine ältere Frau sollte ...
a nicht als Straßenbahnschaffnerin arbeiten.
b mehr tun, um Heranwachsenden zu helfen.
c einen heranwachsenden Jungen nicht verführen.

3 Michael ist ein alterstypische Junge, ...
a der sich in seinem Körper nicht ganz wohl fühlt.
b ohne dass er an die Zukunft denkt.
c für den es keine gute Zukunft gibt.

4 Michael heiratet Gertrud ...
a aus Liebe.
b weil sie zusammen eine Familie gründen wollen.
c da sie schwanger ist.

5 Während Michael die neue Generation verkörpert, ...
a versteht er die Vergangenheit nicht.
b ist Hanna ein Symbol der Vergangenheit.
c ist sein Vater ein Intellektueller.

6 Hanna kann manchmal liebevoll sein ...
a und nie unruhig.
b und gelegentlich aggressiv.
c aber oft unerotisch.

7 Hannas Analphabetismus …
   a hat sie immer gequält.
   b beweist ihre Schuld.
   c ist schwer zu erklären.
8 Im Gefängnis lebt Hanna …
   a nicht gern.
   b mit einer Nonne zusammen.
   c ziemlich zurückgezogen.
9 Michaels Vater hat in der Kriegszeit Schwierigkeiten gehabt, …
   a ohne dass er seiner Familie davon erzählt hat.
   b da er seine Stelle verloren hat.
   c weil er SS-Offizier war.
10 Die überlebende Tochter wirkt …
   a böse und gekränkt.
   b rachesüchtig und zielstrebend.
   c distanziert und betäubt.

Grammatik

3 Setzen Sie das Verb in Klammern in die richtige Form.
1 Am Anfang des Romans .... Michael in der Pubertät. (*stecken*)
2 Als Schüler .... Michael gute intellektuelle Fähigkeiten. (*besitzen*)
3 Nach seiner Schulzeit geht Michael auf die Universität, um Jura .... (*studieren*)
4 Hanna .... kräftig und körperlich üppig .... (*aussehen*)
5 Gertrud .... sich in Michaels Augen nicht mit Hanna vergleichen. (*lassen*)

Interpretation

4 Erfinden Sie ein passendes Satzende für jeden Satzanfang.
1 Michael fühlt sich zu Hanna hingezogen, obwohl …
2 Indem er mit Hanna schläft, …
3 Michaels Ehe mit Gertrud scheitert, weil …
4 Indem Michaels Mutter darauf besteht, dass er nochmal in die Bahnhofstraße geht, …
5 Wenn Hanna mit ihrem Analphabetismus konfrontiert wird, …
6 Wenn Michael Zeit mit seinen Klassenkameraden verbringt, …
7 Die Distanz zwischen Michael und seinem Vater hat als Folge, dass …
8 Gegen das Ende ihres Lebens ändert sich Hanna, indem …
9 Im Gefängnis liest Hanna viel über den Holocaust, um …
10 Dass die überlebende Tochter Hannas Teedose akzeptiert, ist ein Beweis dafür, dass …

Die Personen im Roman

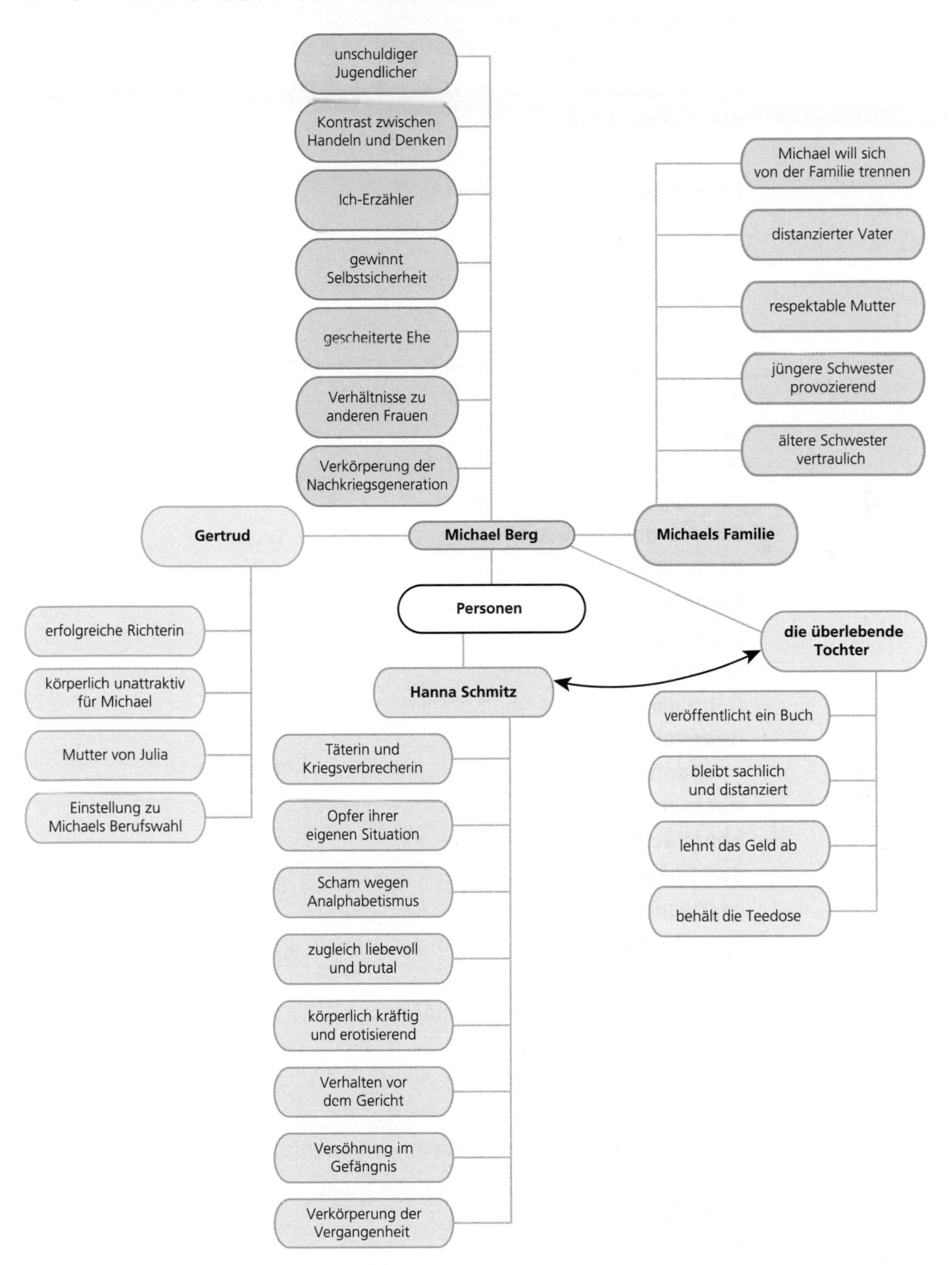

Vokabular

der Altersunterschied age difference
aussehen to look, appear
das Aussehen appearance
die Ausstrahlung charisma
die Bedeutung significance, meaning
beeinflussen to influence
befriedigen to satisfy
bürgerlich middle-class
empfindlich sensitive
entwickeln to develop
einen Gegensatz bilden zu to form a contrast to
gehören zu to belong to
gewalttätig violent
das Gewissen conscience
gleichaltrig of the same age
der Heranwachsende adolescent
hochmutig proud, haughty
kämpfen to fight, to struggle
körperlich physical
kräftig physically strong
liebesbedürftig in need of love
liebevoll gentle, loving
nachdenklich introspective
nüchtern sober
oberflächlich superficial
das Opfer victim
rachesüchtig vengeful
das Selbstbewusstsein self-assurance, confidence
das Selbstmitleid self-pity
die Selbstständigkeit independence
sensibel sensitive
der Täter / die Täterin culprit
üppig voluptuous
der Vertreter / die Vertreterin representative
der Waschzwang obsessional washing
widersprechen to contradict
die Wut rage, fury

6 The narrative style

Every piece of literature is a compilation of the author's carefully chosen words, phrases, sentences, paragraphs and chapters. In your AS and A-level studies you must also explore the author's style. By examining the literary elements you will be able to come to a closer understanding of the author's intentions.

GRADE BOOSTER

Using the correct register in your exam essay is important. If you are writing about the author's style, it is important to use the correct literary terminology to present your arguments. Keep a list of important vocabulary from this section.

Die Gattung

First of all, you must consider the **genre** of the novel. This work can be viewed from many angles. For example it could be seen as a semi-autobiographical work. Michael Berg and Bernhard Schlink share many **similarities**: both have an academic father and three siblings, and both studied law, for example. The first-person narration suggests that the narrator is seeking to reveal **facts** about himself.

genre die Gattung

similarity die Ähnlichkeit

fact die Tatsache

▲ Michael und Hanna küssen sich in der Bibliothek seines Vaters in dem Film von Stephen Daldry

However, it could equally be read as a love story. The intense love affair, which starts in the 1950s, has a lasting effect on the **protagonist**, who is unable to

protagonist der Protagonist

forget the woman who initiated him into the irresistible joy of physical love. Even after he has married and divorced and after she has been convicted and imprisoned for war crimes, he is unable to forget her. His ties with the past continue to draw him to her no matter how much he tries to suppress his feelings.

der Bildungsroman coming-of-age novel
development die Entwicklung
significance die Bedeutung

Some readers would place the novel in the genre of the traditional German ***Bildungsroman***, a type of novel that deals with the narrator's coming of age. Indeed, the novel traces Michael's **development** from a gauche, impressionable adolescent who falls prey to an older woman to a competent, intelligent adult who begins to make decisions for himself.

TASK
Lesen Sie Kapitel 2 im Dritten Teil des Romans. Beurteilen Sie Michaels Beziehung zu Gertrud und zu anderen Frauen nach der Trennung von Hanna. Warum kann Michael Hanna nicht aus dem Kopf bekommen?

On another level it can be seen as a historical novel. Bernhard Schlink himself was aware of its historical **significance** and often talked of it as being a catalyst for public and private debate. The author's **intention** is therefore to raise awareness of a topic that needs to be confronted at all levels of German society.

Finally it can be read simply as a **detective novel**. As the story unfolds, we are enthralled by the many **plot twists** until finally the events reach their inevitable and tragic conclusion in Hanna's suicide. As with a detective story, we are kept in suspense about Hanna's illiteracy and the extent of her guilt. The modern reader becomes the detective who has to unravel the truth.

intention die Absicht
detective novel der Kriminalroman
plot twist der Handlungswechsel
to combine verbinden
narrative technique die Erzähltechnik

Of course, the skill of the author is to **combine** all the genres to create a compulsive read. No matter how we view the novel, it is clear that Schlink has written a work of fiction. In doing so he uses a variety of **narrative techniques**, an understanding of which lead to a deeper understanding of the work as a whole.

Der Ich-Erzähler

event das Ereignis
first-person narrator der Ich-Erzähler
to weigh up abwägen
to remember sich erinnern an
tension die Spannung
series of pictures eine Reihe von Bildern

From the outset, it is clear that the **events** are being related by a **first-person narrator** who is **weighing up** the implications of events that happened many years ago. Some details are unclear and some forgotten completely, so that it is often uncertain whether the narrator is remembering clearly or not. The narrator can **remember** the house that Hanna lived in, but the house has long since been destroyed. Thus the narration is imbued with a sense of separation from the past. Yet the house still appears in his dreams and seems to haunt him. This creates a **tension** between what the narrator feels now and what he felt several decades previously.

It is notable that the narrator is selective in the events that he remembers. On several occasions he mentions that he has forgotten certain details. He cannot remember exactly what he and Hanna talked about when he visited her a second time. He cannot remember what excuse he gave his parents to explain the holiday with Hanna. He has forgotten how exactly he began to deceive Hanna in their relationship. However, the story is told more in a **series of pictures**.

Erinnerungen als Bilder

Throughout the novel, Michael remembers Hanna in a series of snapshots at certain stages in their relationship. For example, his memory of Hanna pulling on her stockings is still as clear in his mind as the first time he saw her do this through the gap in the door and he is able to **describe** his feelings about her body language **in precise detail**.

Erinnerungen als Bilder memories as pictures

to describe beschreiben

in precise detail ausführlich

Similar pictures come into his mind at key moments in the relationship. He remembers her dancing ecstatically in her new silk nightdress or at the swimming pool staring directly at him with her inscrutable face.

However, these sensual memories **contrast** with the nightmarish visions that he has when he thinks about Hanna's past. As her trial progresses, Michael admits that he is traumatised by horrific visions of Hanna as an SS guard.

to contrast with im Gegensatz stehen zu etwas

Key quotation

Das schlimmste waren die Träume, in denen mich die harte, herrische, grausame Hanna sexuell erregte und von denen ich in Sehnsucht, Scham und Empörung aufwachte. Und in der Angst, wer ich eigentlich sei.

(Zweiter Teil, Kapitel 13)

These dreams force him again and again to confront his own feelings and his own links with the past.

Michael's final **image** of Hanna is on her deathbed. After all that has transpired he is able to look beyond the mask of death and see her as a young, beautiful woman. This final insight suggests that, as the nightmarish visions recede, he is gradually coming to terms with her past and his part in it. Michael has grown up.

image das Bild

Symbolik

Symbolik symbolism

symbol das Symbol

Schlink uses recurring **symbols** in the novel to help us decipher the author's intention. The best example is the ritual of washing. For Michael and Hanna this becomes as much a part of their lovemaking as does the ritual of reading. By washing so thoroughly (and Michael comments on how meticulously and obsessively Hanna does this), they wash away the guilt of their relationship. After all, Michael has become completely soiled, both **literally** and **figuratively**, by becoming embroiled with the older woman. The symbolic value of the ritual is clear. If Michael represents the present and Hanna the past, they are trying to **eradicate** the guilt of the German nation in the National Socialist era. However, this is not easily achieved in one go. It has to be done again and again.

literally buchstäblich, wortwörtlich

figuratively bildlich

to eradicate ausrotten

Reflexion und Analyse

die Reflexion reflection
die Analyse analysis
use of questions der Gebrauch von Frageformen
philosophical philosophisch
to ask a question eine Frage stellen

Throughout the novel, the narrator makes consistent **use of questions** to confront himself and the reader with moral and **philosophical** questions. After he has begun the sexual relationship with Hanna, he asks: 'Habe ich mich in sie verliebt als Preis dafür, daß sie mit mir geschlafen hat?' By **asking the question**, he not only probes his own conscience but also invites readers of the novel to question what they would do under similar circumstances.

Build critical skills

Lesen Sie die ersten zwei Absätze in Kapitel 9 im Ersten Teil des Romans. Wie viele Fragen werden gestellt? Was versucht Michael hier festzustellen? Welche Wirkung haben diese Fragen auf den Leser?

This, then, is also his aim as the questions become more philosophical. For example, at the end Chapter 4, Part 2, he asks a series of questions about his generation's responsibility to atone for the Holocaust. Almost in desperation, he asks:

> Was sollte und soll meine Generation der Nachlebenden eigentlich mit den Informationen über die Furchtbarkeiten der Vernichtung der Juden anfangen?

to reflect on nachdenken über

The questions remain unanswered. Schlink's intention is to invite readers to **reflect on** the issues and to analyse Michael's situation and give their own analysis.

Rhetorik

die Rhetorik rhetoric
exclamation der Ausruf
a formal speech eine formale Rede

Just as he uses questions to raise moral issues, so the narrator also makes use of rhetorical style to emphasise his dilemmas. Rhetorical language is used by writers to persuade the reader to think in a certain way or to make the reader feel certain emotions. Examples include repeated questions and **exclamations**, such as might be used in **a formal speech**.

An early example of this occurs in relation to Michael's teenage years. 'Was sind die Zeiten der Krankheit in Kindheit und Jugend doch für verschwundene Zeiten!' he exclaims to express his frustration at having to recuperate in bed while the rest of the world goes about its business. The use of the exclamation makes the reader take note of his emotional state and his frustration.

to come to the conclusion zum Schluss kommen

The same technique is used when he is frustrated by his inability to find simple answers to how to deal with Germany's dark past. 'Aufarbeitung! Aufarbeitung der Vergangenheit!' is the impassioned cry of the young generation of post-war liberals and intellectuals. Yet only a few paragraphs later, Michael **comes to the conclusion** that this zeal is misplaced and even revolting. Again, the reader shares his frustration.

Schlichtheit in dem erzählerischen Stil

Despite this constant **intellectualising** of the moral issues surrounding Michael's illicit affair with Hanna and the sophisticated philosophical questions of guilt and responsibility exposed during the trial, the **narrative style** often depends on simple, straightforward sentences rather than on long complex passages.

The opening paragraph of Chapter 8 of Part 3 is typical example of this:

> Am nächsten Sonntag war ich bei ihr. Es war mein erster Besuch in einem Gefängnis. Ich wurde am Eingang kontrolliert, und auf dem Weg wurden mehrere Türen auf- und zugeschlossen.

The author often narrates events in **unemotional** language which creates distance between present and past and is **evocative** of the state of numbness which he feels as he looks back.

It is precisely the simplicity of the sentence structure and the superficial **objectivity** of the narrative that allow readers to feel that they are experiencing a genuine historical record. Yet no matter how plain some of the narrative may appear, the novel is nevertheless filled with passages of great emotional intensity. Perhaps it is only by relating facts objectively that the depth of feeling can be achieved. Otherwise it is too difficult to confront.

Schlichtheit simplicity
intellectualising das Intellektualisieren
narrative style der erzählerische Stil

unemotional sachlich
to be evocative of erinnern an
objectivity die Sachlichkeit

Übungen

Vokabeln

1 Wählen Sie das Wort aus Liste B, das zu jeder Beschreibung in Liste A passt.

Liste A

1 wie der Autor die Geschichte schreibt
2 die literarische Kategorie
3 die Verkörperung von bestimmten Ideen in Roman
4 ein Werk, das die Entwicklung eines Charakters darstellt
5 die Kunst des Sprechens; Eloquenz
6 eine wiederkehrende Idee in einem Werk
7 wenn man etwas aus der Vergangenheit vergisst
8 Unstimmigkeit zwischen zwei Extremen
9 inniges Nachdenken
10 die Handlung der Geschichte

Liste B

a der Bildungsroman
b die Erinnerungslücke
c der Inhalt
d die Gattung
e die Spannung
f die Erzähltechnik
g die Rhetorik
h das Motiv
i die Symbolik
j die Reflexion

Grammatik

2 Vervollständigen Sie diese Sätze mit der Präsenzform eines passenden Verbs aus dem Kasten.

1 In diesem Roman .... der Autor die Geschichte einer Liebesaffäre, die nie aufhört.
2 Durch den Gebrauch von einfachen Sätzen .... der Leser den Eindruck, dass er einen wahren historischen Bericht liest.
3 Der Ich-Erzähler .... immer wieder Fragen, die unbeantwortet bleiben.
4 Die Anwendung von wiederkehrenden Motiven .... die Hauptthemen des Romans hervor.
5 Michael .... rhetorische Exklamationen, um seine Frustration auszudrücken.

stellen	heben
gewinnen	benutzen
schildern	

Interpretation

3 Bauen Sie volle Sätze, indem Sie die folgenden Satzteile richtig zusammenstellen.

Satzanfänge

1 Die Erzählertechnik ist von großer Bedeutung, ...
2 Der Ich-Erzähler schaut in seine Vergangenheit, ...
3 Die Geschichte lässt sich von Bildern leiten, ...
4 Michael kann sich an Hannas junges Gesicht erst nach ihrem Tod erinnern, ...
5 Michaels Erzähltechnik ist schlicht und exakt, ...

Satzenden

a ... obwohl es viele Erinnerungslücken gibt.
b ... während seine Reflexionen sehr philosophisch sind.
c ... die in Michaels Gedächtnis geblieben sind.
d ... weil sie die Themen des Romans betont.
e ... da ihre späteren Gesichter im Weg sind.

Präsentation

4 Wählen Sie ein Kapitel aus dem Roman und bereiten Sie dazu eine Präsentation vor, bei der Sie auf die Erzähltechnik eingehen.

Eventuelle Kapitel zur Bearbeitung dieser Präsentation sind:

- Erster Teil, Kapitel 1: Gelbsucht und erste Begegnung mit Hanna
- Erster Teil, Kapitel 12: Hanna in Michaels Elternhaus
- Zweiter Teil, Kapitel 2: Wiedersehen im Gerichtssaal
- Zweiter Teil, Kapitel 10: Michael nimmt Hannas Analphabetismus wahr
- Dritter Teil, Kapitel 1: Michael versucht, den Prozess und Hanna zu vergessen
- Dritter Teil, Kapitel 10: Michael erfährt von Hannas Selbstmord

Aufsatz

5 „Beurteilen Sie den Erfolg von der Erzähltechnik im Roman."

Schreiben Sie ungefähr 300 Wörter zu diesem Thema. Sie könnten auf die folgenden Punkte eingehen:

- die verschiedenen Techniken, die im Roman vorkommen (der Ich-Erzähler; Erinnerungen als Bilder; Symbolik; Reflexion und Analyse; Rhetorik; Schlichtheit in dem erzählerischen Stil)
- die Wirkung auf den Leser (Einblick in Michaels Gewissen; Interesse wecken; schwierige Fragen stellen, auf die es oft keine einfache Antwort gibt)
- welche Techniken Sie am effektivsten finden (eine persönliche Meinung)

Der erzählerische Stil

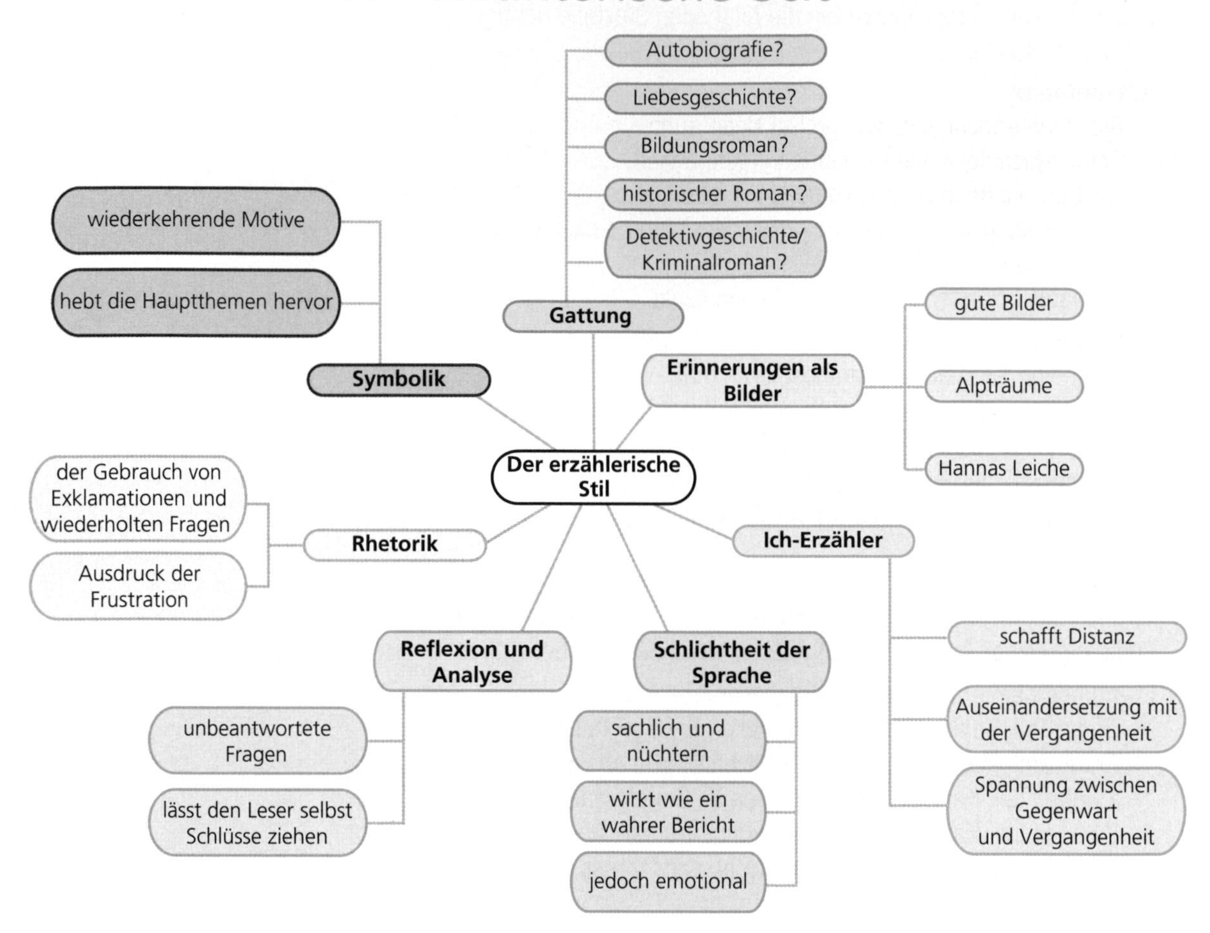

Vokabular

der Absatz paragraph
die Absicht intention
der Abstand distance
Abstand gewinnen to gain distance
die Analyse analysis
analysieren to analyse
anständig respectable
ausdrücken to express
benutzen to use
beschreiben to describe
die Beschreibung description
betonen to emphasise
das Bild picture
die Bildersprache imagery
der Bildungsroman coming-of-age novel
die Biografie biography
darstellen to represent
die Darstellung representation
die Detektivgeschichte detective story
deutlich clear
effektiv effective
einfach simple
emotional emotional
sich erinnern an to remember
die Erinnerung memory
die Erinnerungslücke memory lapse
das Erlebnis experience
erzählen to tell, to narrate
erzählerisch narrative
die Erzähltechnik narrative style
die Exaktheit precision
die Frage question
Fragen stellen to ask questions
die Gattung genre
der Gebrauch use

das Gedächtnis memory
hervorheben to pick out, to emphasise
historisch echt historically accurate
der Ich-Erzähler first-person narrator
der Inhalt content
die Intensität intensity
klar clear
der Kriminalroman detective novel
der Liebesroman love story
moralisch moral
das Motiv theme, motif
nüchtern sober, unemotional
die Perspektive perspective
philosophisch philosophical
präsentieren to present
quasi-autobiografisch semi-autobiographical
sachlich factual, objective
der Satz sentence
schaffen to create
schildern to portray, to depict
schlicht plain
die Schlichtheit plainness, simplicity
Schlüsse ziehen to draw conclusions
die Sprache language
sprachlich linguistic
der Teil part
verwenden to use
vorkommen to occur, to appear
wählen to choose
wiederholen to repeat
die Wiederholung repetition
wiederkehrend recurrent
wirken als to have the effect of being
die Wirkung effect
die Wortwahl choice of words

7 Exam advice

Den Aufsatz planen

Planning is an important part of your examination time. As a rough guide you should spend about 10 minutes planning your essay, 50 minutes writing it and 5 minutes checking it.

A well-planned essay makes points clearly and logically so that the examiner can follow your argument. It is important to take time to devise a plan before you start writing. This avoids a rambling account or retelling the story of the work you are writing about. The following points may help you to plan your essay well:

- Read the essay question carefully. Make sure you have understood what you are being asked to do rather than focusing on the general topic.
- From the outset it is sensible to plan your essay in the target language. This will prevent you writing ideas that you are not able to express in the target language.
- Focus on the key words. For example, you may be asked to analyse, evaluate, explore, explain. Look for important key words such as *inwiefern, aus welchen Gründen* and *wie.*
- Select the main point you want to make in your essay and then break this down into sub-sections. Choose relevant information only. Avoid writing an all-inclusive account that occasionally touches on the essay title.
- Decide on the order of the main ideas that become separate paragraphs. Note down linking words or phrases you can use between paragraphs to make your essay flow as a coherent and logical argument.
- Select one or two relevant and concise quotations that you can use to illustrate some of the points you make.
- Think about the word count for the essay. The examination boards stipulate the following word counts:

	AS	A-level
AQA	Approximately 250 words	Approximately 300 words
Edexcel	275–300 words	300–350 words
WJEC	Approximately 300 words	Approximately 400 words
Eduqas	Approximately 250 words	Approximately 300 words

- Consider how many words to allocate to each section of your essay. Make sure that you give more words to main points rather than wasting valuable words on minor details.
- Finally consider how to introduce and conclude your essay, ensuring that you have answered the question set.

A well-planned essay will have an overall broad structure as follows:

- **Introduction** You should identify the topic without rewriting the essay title. You should state your position on the issue.
- **Body of the essay** In several paragraphs you should give evidence to support a number of main points.
- **Conclusion** Here you should summarise your ideas and make a final evaluative judgement without introducing new ideas.

Den Aufsatz schreiben

Methode

Now you have to put flesh on the bones of the plan that you have drafted by writing a structured response to the essay question.

- Remember that you are writing for a person who is reading your essay: the content should interest your reader and you should communicate your meaning with clarity and coherence.
- It is important to be rigorous in sticking to your plan and not to get side-tracked into developing an argument or making a point that is not relevant to the specific essay question. Relevance is always a key criterion in the examination mark schemes for essays, so make sure that you keep your focus throughout on the exact terms of the question. Don't be tempted to write all that you know about the work: a 'scattergun' approach is unproductive and gives the impression that you do not understand the title and are hoping that some of your answer 'sticks'.
- It is important to think on your feet when writing an examination essay. If you produce a pre-learnt essay in an examination, in the hope that that will fit the title, you will earn little credit, since such essays tend not to match what is required by the title, and give the impression that you do not understand the question.
- If you are completing an AS examination, the question might require you, for example, to examine a character or explain the theme of the work. You will also have a list of bullet points to help you focus on the question. Ensure that you engage with these guidance points, but be aware that they do not in themselves give you a structure for the essay. At A-level you will normally have a statement requiring you to analyse or evaluate an aspect of the work.
- Since examination essays always have a suggested word limit, it is important to answer as concisely as you can. It should always be possible to write a meaningful essay within the allocated number of words.

Struktur

1 Die Einleitung

The introduction gives you the opportunity to show your understanding of the work. It should be a single paragraph that responds concisely to the essay question. In a few sentences you should explain to your reader what you understand the question to mean, identify issues it raises and say how you are going to tackle them. Avoid statements in the target language that equate to 'I am now going to demonstrate ...' or 'This essay is about ...'.

2 Der Hauptteil des Aufsatzes

- This part will be divided into a number of interconnected paragraphs, each of which picks up and develops the points raised in your introduction.
- Each paragraph should be introduced with a sentence stating what the paragraph is about.
- Make sure you follow a clear pathway through your paragraphs, leading to your conclusion. This requires skills of organisation, in order to ensure the smooth development of your argument. You should move from one facet of your argument to the next, linking them conceptually by, for example, contrast or comparison.
- Each paragraph will have an internal logic, whereby you examine a separate point, making your argument and supporting it with examples and quotations. For example, your essay title might lead you to examine the pros and cons of a statement, with the argument finely balanced. In this case you can dedicate one paragraph to discussing the pros in detail, another to the cons and a third to giving your decision on which view is the more persuasive and why.

3 Der Schluss

Read through what you have written again and then write your conclusion. This should summarise your argument succinctly, referring back to the points you raised in your introduction. If you have planned your essay well, there should be no need to do anything other than show that you have achieved what you set out to do. Do not introduce new ideas or information.

Sprache

- Linkage of the paragraphs is both conceptual, i.e. through the development of connected ideas in the body of the essay, and linguistic, i.e. through expressions which link paragraphs, sentences and clauses. These expressions are called connectives and they work in various ways, for example through:
    - contrast (*trotzdem, andererseits, umgekehrt, im Gegensatz*)
    - explanation (*das heißt, anders gesagt, das bedeutet*)
    - cause/result (*infolgedessen, deshalb, aus diesem Grund*)
    - additional information (*außerdem, des Weiteren, genauso*)
    - ordering points (*erstens, dann, übrigens*)
- When writing your essay, a degree of formality is necessary in your style. Be attentive to the register you use, especially the differences between written and spoken language. Avoid colloquial language and abbreviations.

- It is important to learn key quotations from the work and to introduce them in order to support aspects of your argument. When quoting, however, be careful not to make the quotation a substitute for your argument. Quotations should illustrate your point aptly and not be over-long. Resist the temptation to include quotations that you have learned if they are not relevant to the essay question.
- In a foreign language examination, accurate language is always an assessment factor. Review your finished essay carefully for errors of grammar, punctuation and spelling. Check especially verb endings, tenses and moods, and adjective agreements. You should employ a good range of vocabulary and include terminology related to film or literature (e.g. *Handlung, Charakter, Kapitel, Thema*).

For a list of useful connectives and literature-related vocabulary, see page 75.

Kurze Schreibübungen

It is important that your essay is structured using paragraphs. Since your essay will be between 250 and 350 words depending on what level you are writing at, it is likely that each paragraph will be between 50 and 70 words. It is therefore crucial that you select details from the text with care and use them sensibly, never falling into the trap of retelling the story. In this section you can practise writing paragraphs in several ways.

1 Vervollständigen Sie diese Absätze mit einem ersten Satz:

a ... Einerseits zeigt sie eine liebevolle Seite, indem sie für Michael sorgt und ihn wäscht. Außerdem ist sie eine leidenschaftliche Liebhaberin. Aber auf der anderen Seite kann sie gelegentlich sehr brutal sein, zum Beispiel als sie Michael mit dem Gürtel übers Gesicht schlägt. Diese Kontraste scheinen Michael wenig auszumachen, denn er fühlt sich immer wieder zu ihr hingezogen. Im Rückblick kann man auch dadurch ihr Verhalten als KZ-Aufseherin verstehen.

b ... Nach seiner Krankheit hat er keinerlei Probleme, den Schulstoff nachzuholen und in die nächste Klasse versetzt zu werden. Einige Jahre später befindet er sich auf der Universität, wo er Jura studiert. Genau wie sein Vater ist er ein Mensch, der sich für Denken und Philosophieren interessiert. Trotzdem wirft ihm seine Ehefrau Gertrud vor, dass er den falschen Beruf ergreift.

2 Vervollständigen Sie diese Absätze mit einem letzten Satz:

a Das Ritual ist bedeutend. Symbolisch gesehen will sie ihre Vergangenheit löschen, indem sie ihn wäscht, denn die Gegenwart (Michael) soll mit der Vergangenheit (Hanna) nichts zu tun haben. Genau wie er versucht, seine Affäre mit Hanna zu rechtfertigen, so wollen die beiden, sie als Verführerin eines Minderjährigen und er als Lügner vor seiner Familie, ihre Schuld nicht akzeptieren. ...

b Während seiner Studienzeit fühlt sich Michael anders als seine Mitstudenten. Er mag wohl mit ihnen in Urlaub fahren und dieselben Gefühle gegenüber einer Aufarbeitung der Vergangenheit teilen, aber trotz allem ist er ein Einzelgänger. Obwohl er ihre Leidenschaft für das neue Deutschland teilen will, interessiert er sich wenig für die Studentenproteste der 60er Jahre. ...

3 Schreiben Sie einen Absatz zu diesen Personen, indem Sie die angegebenen Ideen einschließen:

a Der Richter: wie er beschrieben wird und warum / wie sich Michael ihm gegenüber verhält / ob der Richter völlig objektiv bleiben kann / Schlinks Motivation für die Schilderung des Richters

TASK

Ihrer Meinung nach, warum begeht Hanna Selbstmord? Bestraft sie sich für ihre Taten als Aufseherin im KZ oder gibt es andere eventuelle Gründe?

b Die überlebende Tochter: warum sie ohne Emotionen spricht / ihre Beweggründe / warum sie die Teedose behält und nicht das Geld / ob sie eine sympathische Person ist

4 Schreiben Sie je einen Absatz zu diesen Themen, in dem Sie die angegebenen Ideen erläutern:

a Scham: wovor Hanna sich schämen soll / ob man Hannas Scham als Analphabetin verstehen kann / warum Michael auch Schamgefühle hat / ob diese Gefühle gerechtfertigt sind

b Akzeptanz der Schuld: wann genau Hanna ihre Schuld akzeptiert / wie die Tochter auf Hannas Akzeptanz ihrer Schuld reagiert / inwiefern Michael auch seine Schuld akzeptieren soll

5 Schreiben Sie je einen Absatz zu diesen Schlüsselstellen, in dem Sie die angegebenen Ideen erläutern:

a Michaels Gelbsucht: warum der Roman mit seiner Gelbsucht beginnt / die Folgen / Krankheit als Symbol im Roman

b Hannas Erscheinung am Schwimmbad: Michaels Reaktion / der mögliche Grund für ihre Erscheinung / der Zusammenhang zwischen dem Wasser im Schwimmbad und dem Badewasser vor dem Liebesritual

c Michaels Wahrnehmung, dass Hanna Analphabetin ist: warum Schlink diese Tatsache erst spät im Roman deutlich macht / wie wir als Leser darauf reagieren / was Hannas Analphabetismus erklärt / ob diese Tatsache Hannas Handeln entschuldigt

6 Schreiben Sie jeweils einen Absatz von 50 bis 70 Wörtern zu jedem ersten Satz, ohne dass Sie einfach den Inhalt des Romans wiederholen:

a Die Affäre zwischen Michael und Hanna erfüllt eine wichtige Funktion für sie beide.

b Michaels Affäre mit Hanna hat eine symbolische Funktion im Roman.

c Michael ändert sich im Verlauf des Romans.

d Michaels Vater ist für ihn eine wichtigere Person als seine Mutter.

e Michael wirft sich vor, dass er zu oft vernünftelt.

f Als Michael Hanna beim Prozess erblickt, ist er zunächst erschrocken.

g Die Zeit im Gefängnis hat eine starke Wirkung auf Hanna.

h Obwohl Hanna als Kriegsverbrecherin schuldig ist, könnte man sie auch teilweise als Opfer betrachten.

i Die überlebende Tochter bleibt namenlos.

j Der Roman befasst sich auch mit dem Thema Vergangenheitsbewältigung.

Nützliche Vokabeln für Aufsätze

Als Einleitung

Am Anfang des Romans... At the beginning of the novel...

Am Ende der Erzählung... At the end of the story...

Der Roman handelt von... The novel is about...

Der Roman befasst sich mit... The novel deals with...

Ein beständiges Thema in dem Werk ist... A constant theme in the work is...

im ersten/zweiten/dritten Teil in the first/second/third part

Um diesem Titel gerecht zu werden,... In order to do this title justice...

zunächst / als erstes to start with / first of all

Zum Roman

der Autor author

die Episode episode

die Gattung genre

die Handlung action

das (Haupt)thema (main) theme

der (geschichtliche) Hintergrund (historical) background

der Ich-Erzähler first-person narrator

das Kapitel chapter

der Liebesroman love story

der Leser reader

die Schlüsselszene key scene

der Schriftsteller novelist, writer

die Szene scene

der Wendepunkt turning point

Der Roman spielt in... the novel takes place in...

Die Handlung des Romans findet im Jahre / in den Jahren... statt the action of the novel takes place in the year / in the years...

Meinungen

Ich bin der Meinung/Ansicht dass,... I am of the opinion that...

Meiner Meinung nach... In my opinion...

Meines Erachtens... In my opinion...

Beispiele

auf diese Weise in this way

Ein typisches/weiteres/wichtiges Beispiel ist... A typical/further/important example is...

Das interessanteste Beispiel ist vielleicht... The most interesting example is perhaps...

Der Autor / Die Autorin verwendet... , um... zu... The author uses... in order to...

Dieses Beispiel / Diese Szene / Dieses Kapitel illustriert / macht klar, dass / verdeutlicht... This example / this scene / this chapter illustrates / makes it clear that / shows clearly...

Diese Beispiele leiten zur logischen Schlussfolgerung, dass... These examples lead to the logical conclusion that...

Vergleiche

ähnlicherweise similarly

Im Gegensatz zu... In contrast to...

Im Gegenteil On the contrary

Im Vergleich zu (+ Dativ) **/ Verglichen mit** (+ Dativ) In comparison with

Einerseits... andererseits... On the one hand... on the other hand...

Auf der einen Seite... auf der anderen Seite... On the one hand... on the other hand...

aus zwei Perspektiven from two perspectives

und umgekehrt and vice versa

Zur Interpretation

Die Absicht des Autors ist... The author's intention is...

Dies könnte man als... interpretieren This could be interpreted as...

in Betracht ziehen to take into consideration

in Bezug auf (+ Akkusativ) with reference to...

... ist ein Hauptthema in dem Roman...is a main theme in the novel

Man kann auch ... erwähnen One can also mention...

erst als only when

gewissermaßen to a certain extent

in mancher Hinsicht in many respects

insbesondere / im Besonderen especially
Genauer gesagt,... More exactly,...
außerdem / darüber hinaus furthermore
trotzdem nevertheless
zudem in addition
vor allem above all
Der Grund dafür ist... The reason for that is...
Aus diesem Grund kann man sagen, dass... For this reason one can say that...
Der Roman lässt offen, ob... The novel leaves it open whether...
Der Leser weiß nicht genau, ob... The reader does not know exactly whether...
oberflächlich gesehen on a superficial level
symbolisch gesehen seen symbolically
Viele Themen sind zu erkennen Many themes can be seen

Zusammenfassung

ohne Zweifel without doubt
Wie ich das sehe,... As I see it,...
Ich bin davon überzeugt, dass... I am convinced that...
Es ist nicht zu leugnen/bezweifeln, dass... It can't be denied/doubted that...
im Großen und Ganzen on the whole
im Allgemeinen in general
im Grunde genommen basically
Schließlich kann man sagen, dass... Finally it can be said that...
zum Schluss / abschließend in conclusion
kurz gesagt put briefly / in a few words
letztendlich ultimately
Es scheint also, dass... It therefore appears that...
Zusammenfassend kann man sagen, dass... In summary one can say that...
am Ende des Romans at the end of the novel
Ich habe den Eindruck, dass... I have the impression that...
Es lässt sich schließen, dass... It can be concluded that...

8 Sample essays

AS essays

When you have written your essay, you will be awarded marks for the quality of your response, which should be analytical and critical and focused on the essay title that you are given. At AS the title will be supported by some suggested areas to discuss, in the form of bullet points, although these are merely suggestions. You must show an ability to select relevant material from the novel and to organise it logically so that your essay flows. When you make a point you must be sure to give examples and to justify your point of view.

In addition you will gain marks for the quality of your written German. Whether at AS or A-level you should aim to use the best German of which you are capable, ensuring that you use as wide a range of complex structures as possible. You must also demonstrate correct use of literary terminology.

The following essays are designed to give you an idea of how to structure an essay within the suggested word count. The German used is accurate, but in the examiner's commentary you can read about the strengths and weaknesses of each essay. For each essay title there is one example at grade C and one at grade A.

Beispiel 1

Erklären Sie die Wirkung auf Michael von dem Wiedersehen mit Hanna im Gefängnis im Dritten Teil des Romans.

Sie könnten die folgenden Stichpunkte benutzen:

- Hannas körperliches Aussehen
- inwiefern sie sich geändert hat
- Michaels Gefühle
- ob der Besuch erfolgreich ist

Student A

In diesem Aufsatz will ich erklären, was für eine Wirkung das Wiedersehen mit Hanna im Gefängnis hat. Darüber hinaus möchte ich untersuchen, ob der Besuch für Michael positiv oder negativ ist.

Michael besucht Hanna im Gefängnis, weil sie bald entlassen wird. Die Gefängnisleiterin hat ihn gebeten, alles für sie zu organisieren, eine Wohnung und eine Beschäftigung zu finden und auch nach ihrer Entlassung auf sie aufzupassen. Obwohl er ungern zum Gefängnis geht, ist er auch neugierig zu sehen, was aus Hanna geworden ist.

Hannas Aussehen macht einen großen Eindruck auf Michael. Er bemerkt sofort, dass sie älter geworden ist. Sie hat graue Haare und einen schweren Körper, und sie riecht ganz anders als früher. Der frische Geruch von den vergangenen Jahren kontrastiert mit dem alten Geruch, den Michael jetzt bemerkt. Ihr Aussehen ist also symbolisch.

Michael scheint fast erstaunt zu sein, dass Hanna eine alte Frau geworden ist. Jedoch als er später mit ihr telefoniert, bemerkt er, dass ihre Stimme ganz jung geblieben ist. Das könnte bedeuten, dass Michaels Gedanken an die nationalsozialistische Vergangenheit noch im Vordergrund stehen, obwohl er versucht sie zu verdrängen.

Während des Besuchs hört er zu, wie Hanna über ihre Gefühle redet. Aber als sie ihre Alpträume und ihre schlaflosen Nächte beschreibt, kann er nichts dazu sagen. Ihr schlechtes Gewissen hat mit ihm nichts zu tun. Daraufhin verlässt er das Gefängnis fast ohne Emotion. Das Gefühl der Betäubung, das er immer wieder beschreibt, ist auch hier zu bemerken.

Der Besuch ist nur teilweise erfolgreich. Michael hat die Vorbereitungen für Hannas Entlassung gemacht und wieder Kontakt mit ihr gemacht. Andererseits fühlt er sich deprimiert, weil sie nicht geblieben ist wie sie einst war.

Aus all diesen Gründen halte ich diese Episode für eine wichtige Episode im Roman.

(290 words)

Kommentar

The essay starts with a weak introduction in which the title may well be referred to, but which does nothing else than say what the intention of the essay is. It is best to avoid such a bland opening statement in such a short piece of writing and to focus immediately on the thrust of your argument.

Similarly, the essay ends with a weak conclusion. The candidate may well feel that the essay question has been answered but this is no more than a final summary sentence. One-sentence paragraphs are never a good idea. This final statement would be better linked to the ideas in the penultimate paragraph to make a more satisfying conclusion.

Nevertheless, there are some redeeming features in this essay. The overall argument is that Michael's prison visit is important because it allows him to reflect on his feelings about Hanna, the changes in her looks, her view of her punishment and his own distance from her. It also touches, though not in depth, on the potential symbolic value of this in the third paragraph. Furthermore the candidate shows a good knowledge of the text by describing the contents of the chapter in good detail. However, few links are made to other sections of the novel.

Student A would be likely to receive a mark in the middle band for AO4.

Student B

Michaels Besuch im Gefängnis ist eine wichtige Episode in diesem Roman. Nachdem die Gefängnisleiterin ihn gebeten hat, die Vorbereitungen für Hannas Entlassung zu machen, muss er sie endlich besuchen. Aber Michael hat sich schon von Hanna distanziert und ist unsicher, wie erfolgreich der Besuch sein wird.

Vor allem Hannas Aussehen ist für ihn von großer Bedeutung. Obwohl er sich an die kräftige junge Frau erinnert, findet er jetzt stattdessen ein altes Weib, das dicker geworden ist und Falten im Gesicht hat. Er ist im ersten Moment schockiert, wie sie aussieht.

Der Kontrast zwischen Vergangenheit und Gegenwart ist symbolisiert in Michaels Reaktionen auf Hannas Körpergeruch. Früher hat er die Mischung von frischem Schweiß und Parfüm erregend gefunden. Jetzt riecht er nur eine alte Frau. Die Attraktion von Hanna und von der Vergangenheit ist verschwunden. Michael sieht durch die Fassade, die ihn einmal verführt hat, und erkennt die Wirklichkeit. In dieser Hinsicht ist er jetzt erwachsen; er kann nicht mehr von Hanna dominiert werden.

Am Ende des Besuchs bleibt Michael wie betäubt. Auch als Hanna ihm von ihren schlechten Träumen erzählt und von ihrer Meinung gegenüber ihrer Schuld, kann er ihr kein Wort sagen. Während sie ihre Schuld akzeptiert hat und sich mit der Vergangenheit auseinandergesetzt hat, zeigt Michael keine Emotionen. Das könnte eventuell der Grund sein, warum sich Hanna in ihrer Zelle erhängt.

Einerseits hat Michael die Chance, die wahre Hanna zu sehen und ein letztes Mal mit ihr zu sprechen. Andererseits erkennt er, dass ihre Entlassung für ihn problematisch sein wird. Aus diesen Gründen muss man zum Schluss kommen, dass das Wiedersehen mit Hanna im Gefängnis nur teilweise erfolgreich ist.

(270 words)

Kommentar

This is a far more compact essay than the previous example. It opens with a confident paragraph that refers to the elements of the title and sets the episode within the context of the novel.

The concluding paragraph sums up the arguments and gives a definitive answer to the question that has been set. Before reaching a final conclusion the candidate succinctly shows the two sides of the argument as to the issues surrounding the visit.

The middle three paragraphs follow the bullet points given in the essay question and lead clearly on from each other, forming a coherent argument. In the process the candidate gives plenty of evidence that the content of the novel is very familiar.

Each paragraph is well structured and ends with an evaluation of the points made. For example, in the fourth paragraph, the candidate raises the question about Hanna's motives for suicide, thereby showing an ability to go beyond the confines of the narrative to explore interpretation.

Student B would be likely to receive a mark in the top band for AO4.

Beispiel 2

Beurteilen Sie die Bedeutung des Streits in Amorbach als eine Schlüsselstelle im Roman.

In Ihrer Antwort könnten Sie Folgendes behandeln:

- die Gründe für den Streit
- Hannas Reaktion
- die Folgen

Student A

Hanna und Michael besuchen Amorbach zusammen, während sie eine Fahrradtour machen. Sie mieten ein Hotelzimmer zusammen, damit sie zusammen schlafen können. Michael will Hanna überraschen und geht früh aus dem Zimmer, während sie schläft. Leider kann sie den Zettel, den er auf dem Tisch liegen lässt, nicht lesen. Als er zurückkommt, ist sie wütend und sie schlägt ihm mit einem Gürtel über das Gesicht.

Der Streit ist unerwartet und ein Missverständnis. Michael versteht nicht, warum Hanna so zornig geworden ist und wundert sich, warum der Zettel verschwunden ist. Hanna kann den Zettel natürlich nicht lesen, aber sie erzählt ihm das nicht, weil sie sich über ihren Analphabetismus schämt. Aber Michael muss auch die Schuld tragen, weil er sie nicht fragt, wo der Zettel ist.

Die Reaktionen der beiden sind zu verstehen. Hanna bricht in Tränen aus, weil sie so frustriert ist und wahrscheinlich, weil sie ihren jungen Liebhaber geschlagen hat. Sie schämt sich, dass sie so dumm gewesen ist. Michael dagegen tröstet sie, anstatt die Situation zu erklären.

Obwohl es diesen bösen Streit gegeben hat, geht die Beziehung weiter. Schon am selben Tag lieben sich Michael und Hanna, als ob nichts passiert wäre. Aber leider ist die Beziehung nicht mehr, was sie war. Im Laufe der Zeit gehen sie auseinander. Michael beginnt Hanna zu verraten, indem er mehr Zeit mit seinen Freunden verbringt. Er ist schließlich viel jünger.

Der Streit in Amorbach ist wichtig, weil das ein Wendepunkt in der Beziehung ist. Und er zeigt uns die zwei Seiten von Hanna. Sie ist manchmal roh und gewalttätig, aber sie kann auch sehr liebevoll sein. Außerdem lernen wir, wie schwach Michael ist, weil sie ihn immer dominiert.

(276 words)

Kommentar

The essay shows reasonable knowledge of the text and is structured in paragraphs which are generally coherent. However, the candidate makes some basic errors in this piece of writing.

First, there is an over-reliance on narrative. The whole first paragraph simply relates the story without making any reference to the title of the essay. In the third and fourth paragraphs there is again a tendency to tell the story rather than to analyse.

The fourth and fifth paragraphs are confused in their focus and there is a danger of repetition.

In addition, the candidate has made an error in one significant detail. Michael does in fact try to ask Hanna about the note he has written, but he gives up and does not pursue the reason for its disappearance.

Finally, although there is an attempt to answer the question in the last paragraph, the candidate introduces new material in the conclusion that should have been dealt with as main points within the essay. The final paragraph should be an evaluation of the argument and should give a clear answer to the question.

Nevertheless, the essay has some redeeming features. Within the retelling of the story, there are some attempts to analyse, and the mention of *Wendepunkt* in the final paragraph is a good use of literary terminology.

Student A would be likely to receive a mark in the middle band for AO4.

Student B

Der Urlaub sollte ein glückliches Erlebnis sein. Schon der Name Amorbach deutet auf Liebe hin. Doch als Michael eines Morgens für Hanna das Frühstück holen will, lässt er einen Zettel auf dem Tisch liegen. Da sie den Zettel nicht lesen kann, wird sie wütend. Als Michael zurückkehrt, schlägt sie ihm mit ihrem Gürtel über das Gesicht. Aus verschiedenen Gründen ist dieser Streit eine entscheidende Episode im Roman.

Erstens sind Hannas und Michaels Reaktionen unterschiedlich. Nachdem sie Michael geschlagen hat, bricht sie in Tränen aus, wahrscheinlich erleichtert, ihn wieder zu sehen. Sie denkt, dass er sie verlassen wollte. Michael dagegen ist hilflos und tröstet sie nur, weil er ihre Reaktion nicht verstehen kann. Hier wie auch früher in der Beziehung bleibt Hanna die dominante Figur, während Michael nur der Mitläufer ist.

Hannas gewalttätige Reaktion ist auch wichtig, weil das auch an ihre Rolle als kalte KZ-Aufseherin erinnern könnte. Die Reaktion kontrastiert auch mit ihrer Empfindsamkeit.

Der Streit basiert natürlich auf Hannas Analphabetismus, den Michael erst später wahrnimmt. Hanna verheimlicht ihre Schwierigkeiten hier wie an anderen wichtigen Momenten in der Beziehung, wie zum Beispiel als sie Michaels Namen nicht kennt, obwohl der Name auf seinen Schulbüchern steht. Im Rückblick kann Michael Hannas Scham verstehen, denn sie will nicht als Analphabetin bloßgestellt werden.

Der Streit markiert auch das Ende der Liebesaffäre zwischen den beiden. Michael benutzt das Bild eines Gleitflugzeugs, das lange in der Luft hängt, bevor es landet. Sie treffen sich immer eine Weile, um das Ritual „vorlesen, duschen, lieben" auszuführen. Jedoch ist die Glut aus der Beziehung verschwunden.

Der Streit in Amorbach ist also ein Wendepunkt im Roman, denn das Verhältnis muss auseinandergehen. In diesem entscheidenden Moment lassen sich viele Themen im Roman bemerken.

(283 words)

GRADE BOOSTER

You will gain credit in your exam essay by using interesting grammatical structures. Note this particular use of *sich lassen* as an alternative to the passive.

- *Viele Themen lassen sich bemerken.* = Many themes can be seen.
- *Es lässt sich daraus schließen, dass …* = It can be concluded that…

Kommentar

This is a good confident essay which makes several points relevant to the essay title, is well structured throughout and is of the correct length for an AS essay.

In the opening paragraph the candidate gives a succinct account of the episode under discussion and also refers to the essay title by rephrasing 'eine Schlüsselstelle' as 'eine entscheidende Episode'. It is clear that the candidate will then give several reasons for this. In addition the candidate has introduced the subtlety of Amorbach as the holiday destination without going into great detail. Here the promise of a successful holiday for Hanna's and Michael's relationship is alluded to rather than explained in full detail.

The candidate proceeds to list in paragraph form the reasons for this being a key moment in the novel and manages to cover the bullet points that are listed with the essay title as possible areas for discussion. Not only is Hanna's reaction discussed, but also Michael's, and a relevant conclusion is drawn about what their contrasting reactions show about their relationship.

In addition, the candidate also links this episode to other important episodes in the work. The significance of Hanna's inability to read the note left by Michael is compared to previous moments in their relationship when her illiteracy has been a barrier but she has covered it up. The candidate shows knowledge and understanding of the text by highlighting that Michael becomes aware of this fact only when he discovers her illiteracy at the trial.

The consequences of the episode are evaluated in the penultimate paragraph, in which the candidate shows a good understanding of the author's style by referring to the simile of the glider coming to land, which Schlink uses to describe the end of the relationship. In this way again, the candidate broadens out the scope of the essay by referring not only to the episode in Amorbach but also to further points in the novel.

This awareness of literary style is also evident in the final confident paragraph when the candidate refers to the episode as a *Wendepunkt*. The final point neatly concludes the candidate's argument and refers back to the title.

Student B would likely receive a mark in the top band for AO4.

A-level essays

Beispiel 1

Analysieren Sie, inwiefern Michaels Liebe zu Hanna seine Verhältnisse mit anderen Frauen beeinflusst.

Student A

Michaels Affäre mit Hanna beginnt, nachdem sie ihm geholfen hat, als er sich vor ihrem Wohnblock auf die Straße erbricht. Er kommt zurück, um sich bei ihr zu bedanken, und sie verführt ihn in der Badewanne. Die Affäre ist intensiv und Michael verliebt sich immer mehr in diese attraktive Frau.

Aber es gibt viele Probleme in der Beziehung. Erstens ist Hanna immer die dominante Person. Zweitens ist Michael eher besessen von Hanna als wirklich verliebt. Wie kann ein

Jugendlicher von fünfzehn Jahren seine eigenen Gefühle beherrschen? Trotzdem kann Michael nicht von ihr wegbleiben. Sehr früh läuft er weg, als er sie beim Umziehen betrachtet. Aber eine Woche später steht er nochmal vor ihrer Tür. Hanna hat auch eine unwiderstehliche Anziehungskraft für Michael als Erwachsenen. Er fühlt sich gezwungen, Kassettenaufnahmen ins Gefängnis zu schicken. Das alles zeigt, dass seine Liebe zu ihr sehr stark ist. Was sie empfindet, ist unklar.

In der Schule versucht Michael, Kontakt zu seinen Schulfreundinnen zu knüpfen. Eine besondere Person ist Sophie. Sie versucht mit ihm über seine Gefühle zu reden, aber er kann ihr von Hanna nichts sagen, obwohl er das gern machen würde. Das bedeutet, dass sie einen starken Einfluss auf ihn hat und dass dieser Einfluss negativ ist.

Auch als er heiratet, hat Michael Probleme. Seine Ehefrau Gertrud scheint für ihn eine geeignete Partnerin zu sein und sie haben eine Tochter zusammen. Aber nach fünf Jahren geht die Ehe auseinander und sie lassen sich scheiden. Michael weiß, dass die körperliche Beziehung nicht so gut ist wie sie mit Hanna war. Die Tatsache, dass er ihr von Hanna nichts erzählt, ist ein weiterer Beweis für seine Probleme mit Frauen.

Michael versucht auch mit anderen Frauen ein Verhältnis aufzubauen, aber jedesmal geht es schief. Hannas Einfluss ist zu groß.

Ohne Zweifel ist es für Michael unmöglich, ein befriedigendes Verhältnis mit anderen Frauen zu haben. Aber ist das Hannas Schuld? Man könnte auch sagen, dass Michael dafür verantwortlich ist, denn er ist auch eine komplizierte Person in diesem Roman. Aber ich bin davon überzeugt, dass seine erste Liebe zu Hanna sein weiteres Leben negativ beeinflusst hat.

(349 words)

Kommentar

The essay title invites candidates to analyse the effect of Michael's relationship with Hanna on his subsequent relationships with other women. The underlying supposition must be that he has been emotionally damaged by a situation in which he as a minor was seduced and some may even say abused by an older woman.

To a certain extent the essay addresses these issues. It mentions the intensity of Michael's love, his inability to stay away from Hanna even long after the affair has ended, his inability to sustain successful relationships with his wife and with other women after their marriage has ended.

In addition, the essay makes some attempt at analysis. The candidate rightly points out that Michael's love borders on obsession and that to a certain extent he too must take some responsibility for not being able to sustain a relationship because of his difficult personality.

The essay reaches a conclusion and the candidate addresses the essay title in the final definitive sentence. Although there are some references to the title in the course of the essay, there is no introduction to set out the basis of the argument.

The candidate has managed to stay focused on the essay title throughout. However, there are several weaknesses in the essay. Most notably, the essay deals with the events chronologically and the candidate falls into the trap of retelling the story, particularly in the first and second paragraphs.

Moreover, the principle of making a point, exemplifying it and then evaluating its significance is not adhered to. The penultimate paragraph could have been improved by adding one or two examples between the only two sentences.

Although the candidate has made wise choices from the novel to illustrate the various points made, there could also be mention of the fact that Hanna is in many ways a substitute mother for Michael. This idea would add strength to the argument that it is not only his love for Hanna that explains his inability to form other relationships. It would also satisfy the demands of the key word *inwiefern* in the essay title, which suggests that there are degrees of responsibility to be considered.

Although the language in the essay is accurate, the candidate has not always sought the most elegant syntax to express the ideas. For example, two sentences in the first paragraph could be written in a more complex way:

Original sentence	Improved sentence
Er kommt zurück, um sich bei ihr zu bedanken, und sie verführt ihn in der Badewanne.	Als Michael sich bei Hanna für ihre Hilfe bedanken will, wird er von ihr in der Badewanne verführt.
Die Affäre ist intensiv und Michael verliebt sich immer mehr in diese attraktive Frau.	Je intensiver die Affäre wird, desto leidenschaftlicher verliebt sich Michael in Hanna und desto unwiderstehlicher wird sie für ihn.

Student A would be likely to receive a mark in the middle band for AO4.

GRADE BOOSTER

As part of your revision programme, look over your old essays and pick out sections which you can improve. Reword sentences, aiming to use more complex structures. Avoid links with *und* and *aber* in favour of subordinating conjunctions such as *da*, *als*, *nachdem*, *falls* and *damit*.

Student B

Am Ende des Romans ist Michael allein. Nach seiner leidenschaftlichen Affäre mit Hanna, die er ohne Zweifel geliebt hat, lässt er sich von seiner Ehefrau Gertrud scheiden. Daraufhin scheint er unfähig, eine erfolgreiche Beziehung zu einer anderen Frau zu haben. Oberflächlich gesehen könnte man meinen, dass Hanna für diese Situation verantwortlich ist, weil sie als ältere Frau einen empfindlichen Jungen missbraucht hat. Aber inwiefern kann man diese Meinung rechtfertigen?

Ohne Zweifel hat sich Michael in Hanna verliebt und das Paar scheint äußerlich sehr glücklich zu sein. Für Michael ist Hanna ein Fluchtweg von seinen Eltern und auch teilweise ein Mutterersatz. Er ist besessen von dieser starken Frau. Trotzdem muss man einsehen, dass Hanna als Erwachsene schuldig ist, weil sie ihn ausnutzt. Als Fünfzehnjähriger kann er keine Schuld für spätere gescheiterte Beziehungen tragen.

Die Folgen für Michael sind schlecht. Weil er eine so intensive Beziehung zu Hanna hat, bleibt er von den anderen Mädchen in seiner Klasse distanziert, vor allem von Sophie, die ihm gefällt. Auch mit seiner Ehefrau Gertrud, die eine geeignete Lebenspartnerin für ihn wäre, kann er nicht lang zusammen leben. Nach fünf Jahren lassen sie sich scheiden. Daraufhin trifft er viele andere Frauen, aber diese Verhältnisse scheitern auch. Während er mit ihnen zusammen ist, denkt er immer wieder an Hanna, seine erste Liebe, und vergleicht sie mit ihr. Hannas zu starke Persönlichkeit scheint Michaels künftige Beziehungen zu zerstören.

Jedoch muss Michael auch teilweise die Schuld dafür tragen, dass er keine Partnerin findet. Er ist schließlich ein etwas ungeschickter Mann, der sich immer in seine eigenen Gedanken zurückzieht und zu viel philosophiert. Meiner Meinung nach macht er einen großen Fehler, indem er seine Affäre mit Hanna von Gertrud verheimlicht. Und als intelligenter Mann muss er stark genug sein, um Hanna aus seinen Gedanken zu bekommen.

Je mehr wir über Michael erfahren, desto komplizierter wird die Frage. Obwohl Hanna eine wichtige Person in Michaels Leben gewesen ist und ihn als Heranwachsenden missbraucht hat, spielt seine eigene Persönlichkeit in dieser Frage eine entscheidende Rolle.

(332 words)

Kommentar

This is a well-structured essay which gets to the heart of this question by taking note of the key word *inwiefern* in the essay title. The candidate strikes a good balance between giving Hanna the blame for Michael's inability to form a successful relationship with other women, while acknowledging that his own personality must also be seen as a factor in this.

The essay starts by looking at Michael's situation at the end of the novel. When considering character in an essay, starting at the end is often a useful way of avoiding retelling the story. The opening paragraph shows a clear understanding of the issues and poses the question that is central to the essay title.

The resulting argument is clearly structured and the candidate uses good linking words between ideas such as *jedoch*, *daraufhin* and *trotzdem*. These words help the examiner to see the connections between the sentences.

As well as giving a good answer in the final paragraph, the candidate also gives a clearly worded personal opinion in the penultimate paragraph, showing an ability to analyse the details which have been chosen for inclusion in the essay.

Student B would be likely to receive a mark in the top band for AO4.

GRADE BOOSTER

In the exam, read the question very carefully. Do not assume that you understand what you are being asked to do just because you recognise the general topic. Look for important words like *inwiefern*, *inwieweit*, *wie*, *warum* or *ob*. These words may affect how you structure your essay.

Beispiel 2

Untersuchen Sie, ob Hanna Absolution für ihre Taten erlangt.

Student A

Absolution heißt, für seine Sünden zu zahlen, und ist ein religiöser Ausdruck. Hanna Schmitz bezahlt für ihre Sünden, indem sie von dem Gericht eine Strafe erhält. Sie bekommt eine härtere Strafe als die anderen Angeklagten, weil sie gesteht, dass sie den Bericht über den Brand in der Kirche geschrieben hat. Eine Frau aus New York, die damals ein kleines Mädchen war, hat ein Buch veröffentlicht. Deshalb kann Hanna vor Gericht kommen.

Diese Frau will Hanna keine Absolution geben. Als Michael sie in ihrem Apartment in New York besucht, lehnt sie das Geld ab, das Hanna ihr schenken will, mit den Worten: „Und Frau Schmitz damit die Absolution geben?" Sie glaubt nicht, dass Absolution für solche grausame Taten möglich ist.

Was sind also Hannas Taten? Als SS-Aufseherin hat sie Frauen ausgewählt, die in den Tod geschickt werden. Darüber hinaus gehörte sie zu einer Gruppe von Aufseherinnen, die für den

Tod von weiblichen Gefangenen in einer brennenden Kirche verantwortlich waren, weil sie die Tür nicht aufgemacht haben. Deswegen muss sie ins Gefängnis, weil sie eine Kriegsverbrecherin ist.

Vor dem Gesetz hat sie mit der Gefängnisstrafe für ihre Taten gebüßt. Deshalb soll sie entlassen werden. Aber ist das genug?

Als Michael sie im Gefängnis besucht, erklärt sie, dass sie Alpträume gehabt hat und dass sie viel über die Toten nachgedacht hat. Ihrer Meinung nach können nur ihre Opfer von ihr Rechenschaft fordern und ihr Absolution geben. Michael ärgert sich über Hannas Worte, weil er meint, dass sie ihn ausgenutzt hat.

Letztendlich begeht sie Selbstmord. Ist das ihre Art von Absolution? Sie ist auch schuldig, weil sie mit einem Minderjährigen geschlafen hat. Das könnte auch der Grund dafür sein, dass sie sich das Leben nimmt.

Ich weiß nicht, ob Hanna Absolution für ihre Taten erlangt hat. Das ist eine zu große Frage für den modernen Leser. Bernhard Schlink will uns zeigen, dass die Frage von Schuld und Absolution kompliziert ist.

(316 words)

GRADE BOOSTER

In the exam, use your time wisely. You are likely to have about one hour to write your essay. It is sensible to spend about 10 minutes constructing your plan, taking time to consider which details you will select from the text to support your argument. If you train yourself to do this thoroughly, the essay will almost write itself!

Kommentar

The essay presents a set of ideas that do not always follow on logically from one another. The opening of the essay attempts to define absolution. This is not necessary and is indicative of the candidate's scattergun approach to the essay. It would be better to start with a direct reference to the essay title.

The candidate struggles to keep a coherent argument and in the fourth paragraph simply presents a statement and a question without analysing the point thoroughly.

Nevertheless, the essay does address some of the issues raised by the question and is relevant throughout. Knowledge of the text is apparent although some details are laboured, and the candidate includes a relevant quotation, following it up with an evaluation of its significance. The use of questions on two occasions is a good way of moving the ideas forward and raising issues.

In the conclusion the candidate broadens out the issue of absolution to include consideration of Schlink's intentions in writing the novel, which gives a stronger ending than the beginning of the essay suggests.

Student A would be likely receive a mark in the middle band for AO4.

Student B

Als Kriegsverbrecherin ist Hanna Schmitz schuldig. Sie gehört zu einer Gruppe von KZ-Aufseherinnen, die in den letzten Kriegsjahren die Verantwortung für den Tod von einer Gruppe weiblicher Gefangenen in einer Kirche hatte. Der Roman stellt die Frage, wie solche Taten gestraft werden und ob die Täter Absolution von ihren Taten erlangen können, damit das normale Leben weitergehen kann.

Ganz oberflächlich gesehen dient die gesetzliche Haftstrafe als eine Art Absolution. Am Ende des Prozesses wird Hanna zu lebenslanger Haft verurteilt. Auf diese Weise bestraft die Gesellschaft sie für ihre Taten. Nach einigen Jahren soll sie entlassen werden, was heißt, dass sie keine Gefahr mehr für die Gesellschaft darstellt.

Jedoch muss man die Worte der überlebenden Tochter in Betracht ziehen. Als Michael sie in New York besucht, ist sie nicht bereit, die 7.000 Mark von Hanna zu akzeptieren, weil sie meint, dass sie dadurch Hanna die Absolution geben würde. Ihrer Meinung nach kann Absolution für solche Greueltaten wie Hannas nicht erlangt werden.

Trotzdem gibt es Zeichen in Hannas Geschichte, die darauf hindeuten, dass sie selbst die Absolution erlangen will. Erstens gesteht sie vor Gericht, den Bericht über den Kirchenbrand geschrieben zu haben. Weil das für sie als Analphabetin unmöglich ist, ist das eher ein Versuch, ihre Schuld zu akzeptieren. Im Gefängnis wird es klar, dass sie sich mit der Vergangenheit auseinandersetzt, indem sie möglichst viele Werke über die Nazi-Zeit liest.

Hat sie also Absolution erlangt? Michael ärgert sich über ihre Versuche, ihre Schuld „auf schlechten Schlaf und schlimme Träume“ zu reduzieren. Er ist empört, weil sie meint, dass nur die Toten Rechenschaft fordern können. Aber er erwähnt auch seine Situation, denn er ist gewissermaßen auch Hannas Opfer.

Letztendlich nimmt Hanna die Sachen in die eigenen Hände und begeht Selbstmord. Diese letzte Entscheidung ist ein Zeichen, dass sie ihre Schuld akzeptiert. Ob das Absolution ist, muss sich der Leser des Romans fragen.

(309 words)

GRADE BOOSTER

In your exam essay you can add variety by using good phrases. Learn these useful expressions: *Verantwortung tragen* to take responsibility *Schuld akzeptieren* to accept guilt *Absolution erlangen* to gain absolution *Rechenschaft fordern* to demand justice

Kommentar

The structure of this essay is very clear. If you read through the first sentence of each paragraph, the candidate's logic can be followed: Hanna's actions have led to imprisonment; however, the words of the survivor cast doubt on the punishment as absolution and Hanna's motives; Hanna herself has perhaps sought absolution; it is questionable whether this absolution is attained; eventually she commits suicide.

Most notably, the candidate has used good linking words at the beginning of each paragraph. The essay opens with a clear statement of fact as the candidate sees it. The use of *ganz oberflächlich gesehen, jedoch, trotzdem* and *letztendlich* makes it clear how the next point moves the essay forward. In addition the question at the beginning of the penultimate paragraph is a good way of referring back to the title and of moving the essay of towards its conclusion. All these techniques help the logical argument to flow effortlessly.

The essay title itself leaves much open to debate. What are Hanna's deeds? What form should absolution take? Does she attain it? These are questions of enormous import which it would take more than an essay of about 300 words to explore. However, the candidate has picked up on Schlink's aim to open up these questions for discussion rather than to give hard and fast answers. The final sentence of the essay suggests that readers have to make the decision for themselves.

A longer essay would also allow for a discussion about Hanna's guilt as an older woman who forges a relationship with a minor. This could also be a consideration as a reason for her suicide. The candidate has managed to avoid the complications for her line of enquiry by simply making a reference to this aspect of the novel in the penultimate paragraph.

Another avenue of investigation could include absolution in the symbolic ritual of washing away guilt which Hanna and Michael undertake before they make love. However, in this instance the candidate has decided to reject this since it would not be possible to cover the theme within the word count and the time constraints of the examination. Being selective in the material from the text and in which aspects of the novel to discuss are important parts of the A-level examination essay.

A good knowledge of the novel is displayed throughout this essay. Details are selected carefully, for example, the fire in the church, the survivor's rejection of the money, Hanna's confession in court, Hanna's suicide. At no stage does the essay resort to narrative. Each detail is used to make a point. In addition the candidate manages to introduce a relevant quotation in the fifth paragraph by using a short extract from a longer quotation. All this indicates an outstanding knowledge of the text and an ability to analyse the question in detail.

Student B would be likely to receive a mark in the top band for AO4.

9 Top 10 quotations

In your literature essay, you should include no more than two quotations. Choose these carefully to support your argument, although it is not necessary to include any at all. You should always introduce a quotation appropriately and follow it up with some evaluation of its importance. As you study the novel, make sure you list and learn relevant quotations and note how they can be used. The following examples may help you.

GRADE BOOSTER

In an essay you may use just a few words in inverted commas from a quotation inserted in your own sentence. If you use the whole quotation, indent it in the body of your essay. However, do not overuse quotations. One quotation used wisely is better than several used at random.

1

„So habe ich damals vernünftelt, aus meiner Begierde den Posten eines seltsamen moralischen Kalküls gemacht und mein schlechtes Gewissen zum Schweigen gebracht." (Erster Teil, Kapitel 5)

- Michael kann seinen sexuellen Fantasien nicht **entfliehen**, nachdem er Hanna durch den Türspalt beim Umziehen **beobachtet** hat. Er versucht also, seine Aktionen zu **rechtfertigen**. Obwohl er genau weiß, dass seine Attraktion zu Frau Schmitz etwas Verbotenes in der Gesellschaft ist, argumentiert er, dass es gefährlicher ist, wenn er nicht zu ihr geht. Der **Unterschied** zwischen Denken und Handeln kommt immer wieder in seinem Leben vor, wie zum Beispiel später als er Hanna vergessen will und ihr trotzdem Bücher auf Kassetten vorliest, oder als er dem Richter von Hannas Analphabetismus erzählen könnte, aber es tut nicht. Diese Tendenz zum Philosophieren ist eine wichtige Charaktereigenschaft von Michael als Jugendlicher und als der erwachsene Ich-Erzähler.

entfliehen to escape
beobachten to observe
rechtfertigen to justify

der Unterschied difference

2

„Der Sommer war der Gleitflug unserer Liebe. Oder vielmehr meiner Liebe zu Hanna; über ihre Liebe zu mir weiß ich nichts." (Erster Teil, Kapitel 14)

- Für Michael als **empfindlichen** Jugendlichen bedeutet das Verhältnis viel mehr als es für Hanna bedeutet. Oder so scheint es wenigstens. Denn wir erfahren alles nur durch seine Augen. Was Hanna wirklich aus der Partnerschaft zieht, bleibt **unsicher**. Erst am Ende des Romans als Hanna im Gefängnis ist, scheint sie **echte** Gefühle für ihn zu zeigen. Er benutzt hier das Bild eines Gleitflugzeugs, das nicht gleich abstürzt, sondern ohne Maschinen weiterfliegt bevor es landet. Die **Spannungen** in der Beziehung zwischen

empfindlich sensitive

unsicher uncertain
echt real, genuine

die Spannung tension

Hanna und Michael haben schon angefangen und deuten auf das Ende des Verhältnisses hin. Trotzdem bleiben sie noch lang zusammen, lieben sich und befolgen das Ritual „vorlesen, duschen, lieben", bis Hanna endlich ohne Erklärung aus Michaels Leben verschwindet.

3

„Wir Studenten des Seminars sahen uns als Avantgarde der Aufarbeitung. Wir rissen die Fenster auf, ließen die Luft herein, den Wind, der endlich den Staub aufwirbelte, den die Gesellschaft über die Furchtbarkeiten der Vergangenheit hatte sinken lassen." (Zweiter Teil, Kapitel 2)

- Michael gehört zu der neuen Generation der Ankläger, zu der Generation des Wirtschaftswunders. Die Gruppenidentität unter den Studenten gibt ihnen eine **Stärke**. In der neuen Welt fühlen sie sich abgetrennt von der älteren Generation, die eine direkte **Verbindung** mit den Sünden der Nationalsozialisten hatte. Mit einem gewissen **Stolz** und einer Arroganz meinen sie, dass sie die Sünden ihrer **Vorfahren** aus der Geschichte **löschen** können, indem sie die Generation der Eltern zu Scham verurteilen. Für Michael ist es aber nicht so einfach. Wenn Hanna die Vergangenheit verkörpert, hat er sich mitschuldig gemacht, indem er mit ihr geschlafen hat.

die Stärke strength
die Verbindung connection
der Stolz pride
der Vorfahre ancestor
löschen to extinguish, to wipe out

4

„Was sollte und soll meine Generation der Nachlebenden eigentlich mit den Informationen über die Furchtbarkeiten der Vernichtung der Juden anfangen?" (Zweiter Teil, Kapitel 4)

- Die Frage, die sich Michael stellt, **äußert** seine Frustration mit dem Prozess. Je länger der Prozess dauert, je mehr er von den schrecklichen Kriegsverbrechen der Angeklagten hört, desto schwieriger wird es für ihn, sich mit der Wirklichkeit der nationalsozialistischen Vergangenheit auseinanderzusetzen. Das Thema ist viel zu groß. Hier stellt Bernhard Schlink die Frage, die für die Deutschen der Nachkriegszeit so wichtig war. Je mehr Michael über das Leben in den Konzentrationslagern liest, je mehr er sich die Bilder anschaut, desto betäubter fühlt er sich, als ob jemand ihm eine **Spritze** gegeben hat. Man kann sich die Vernichtung der Juden fast nicht vorstellen, weil die Tatsachen so **gruselig** und unmenschlich sind.

äußern to express
die Spritze injection
gruselig gruesome

5

„Scham als Grund für ausweichendes, abwehrendes, verbergendes und verstellendes, auch verletzendes Verhalten kannte ich selbst." (Zweiter Teil, Kapitel 10)

- Michael erfährt während des Prozesses, dass Hanna Analphabetin ist. Plötzlich versteht er alles. Er weiß jetzt, warum er für sie vorlesen musste, warum sie den Zettel in Amorbach nicht gelesen hat und wahrscheinlich weggeworfen hat. Sie hat sich geschämt, dass sie weder lesen noch schreiben konnte. Weil sie sich nicht bloßstellen will, **lügt** sie auch vor Gericht, dass sie den Bericht geschrieben hat. Ihr Scham ist auch eine

lügen to lie

mögliche Erklärung für ihr **Verhalten** als Aufseherin. Michael kann dieses Gefühl in sich selbst **nachempfinden**. Aber der Unterschied bei Hanna ist, dass sie Verbrecherin geworden ist. Er fragt sich, ob sie eigentlich nur dumm ist. Was ist schlimmer – als Analphabetin oder als Kriegsverbrecherin bekannt zu sein?

das Verhalten behaviour
nachempfinden to understand, to empathise

6

„Ich konnte zum Vorsitzenden Richter gehen und ihm sagen, daß … sie schuldig, aber nicht so schuldig war, wie es den Anschein hatte." (Zweiter Teil, Kapitel 11)

- Als Michael von Hannas **Geheimnis** als Analphabetin erfährt, weiß er, dass er etwas unternehmen könnte. Obwohl er weiß, dass Hanna bestraft werden muss, könnte er eine zu harte Strafe **verhindern**. Hanna stürzt sich ins **Verderben**, indem sie vor Gericht lügt. Schon wieder philosophiert Michael über sein Handeln oder Nicht-Handeln. Mit seinen Mitstudenten diskutiert er Hannas Situation in der Theorie. Als er aber später zum Vorsitzenden Richter geht, **vermeidet** er diese zentrale Tatsache über Hanna. Ob er recht handelt, muss der Leser des Romans beurteilen.

das Geheimnis secret
verhindern to prevent
das Verderben ruination
vermeiden to avoid

7

„Und wer war ich für sie gewesen? Der kleine Vorleser, den sie benutzt, der kleine Beischläfer, mit dem sie ihren Spaß gehabt hatte? Hätte sie mich auch ins Gas geschickt, wenn sie mich nicht hätte verlassen können, aber loswerden wollen?" (Zweiter Teil, Kapitel 16)

- Michaels Worte sind bitter. Im Rückblick fühlt er sich von Hanna ausgenutzt, **getäuscht** und verraten. Jetzt fragt er sich auch, ob sie ihn genau wie die schwachen Mädchen im Konzentrationslager behandelt hätte. Er liest ihr vor, bis sie es **satt hat**, und sie kann ihn dann losschicken, wie sie diese jungen Frauen in den Tod geschickt hat. **Unter anderen Umständen** würde er nichts machen, aber er fühlt sich trotz aller negativen Gedanken über sie gezwungen etwas für sie zu tun, um ein Fehlurteil zu verhindern. Diese Situation charakterisiert die **Einstellung** der Menschheit gegenüber den Kriegsverbrechen der Nationalsozialisten.

getäuscht deceived
etwas satt haben to have enough of something
unter anderen Umständen under other circumstances
die Einstellung attitude

8

„Analphabetismus ist Unmündigkeit. Indem Hanna den Mut gehabt hatte, lesen und schreiben zu lernen, hatte sie den Schritt aus der Unmündigkeit zur Mündigkeit getan, einen aufklärerischen Schritt." (Dritter Teil, Kapitel 6)

- Im Gefängnis hat Hanna das Lesen und das Schreiben gelernt. So hat sie ihre Scham **überwunden** und muss nicht mehr befürchten, dass sie als Analphabetin bloßgestellt wird. Michael betrachtet diese Änderung als „einen aufklärerischen Schritt". Hanna kann **sich** jetzt **ausbilden** und sich über die Geschichte der Konzentrationslager informieren. Ihre **Unmündigkeit** ist vielleicht auch der Grund dafür, dass sie ihre Schuld endlich akzeptiert, was zu ihrem Selbstmord führt. Obwohl Michael sich freut, dass sie diesen Schritt zur **Mündigkeit** gemacht hat, macht ihn das

überwinden to overcome
sich ausbilden to educate onself
die Unmündigkeit mental immaturity
die Mündigkeit maturity

auch traurig, wenn er an ihre Vergangenheit denkt. Ihr Leben wäre völlig anders gewesen, wenn sie hätte lesen und schreiben können.

9

„Ich hatte immer das Gefühl, daß mich ohnehin keiner versteht, daß keiner weiß, wer ich bin und was mich hierzu und dazu gebracht hat. Und weißt du, wenn keiner dich versteht, dann kann auch keiner Rechenschaft von dir fordern." (Dritter Teil, Kapitel 8)

ehrlich honest

eine Laufbahn einschlagen to pursue a career

die Größe enormity

Hannas Worte sind **ehrlich**. Sie glaubt, dass niemand sie versteht. Hier deutet sie auf ihren Lebenslauf von Kind in Siebenbürgen zu Arbeiterin bei Siemens und als Aufseherin in einem Konzentrationslager. Wir Leser können uns nur vorstellen, was Hanna dazu getrieben hat, diese **Laufbahn einzuschlagen**. Nur sie allein kann sich mit ihrer Schuld auseinandersetzen, nicht ihre Ankläger und nicht der Richter. Nur die Toten können Rechenschaft von ihr fordern. Sie erzählt auch, dass die Erinnerungen an die Toten sie im Gefängnis gequält haben. Michael ärgert sich darüber, denn er meint, dass sie die **Größe** ihrer Schuld auf ein kleines Detail reduziert.

10

„Seit einigen Jahren lasse ich unsere Geschichte in Ruhe. Ich habe meinen Frieden mit ihr gemacht. Und sie ist zurückgekommen, Detail um Detail und in einer Weise rund, geschlossen und gerichtet, daß sie mich nicht mehr traurig macht." (Dritter Teil, Kapitel 12)

der Satz sentence

versöhnt reconciled

erleichtert relieved

das Ereignis event

Diese **Sätze** charakterisieren das allgemeine Gefühl unter den meisten Deutschen, wenn sie an die nationalsozialistische Vergangenheit denken. Michael hat seine und Hannas Geschichte schriftlich festgelegt und damit alles zur Ruhe gebracht. Er fühlt sich dadurch **erleichtert** und **versöhnt** und kann die Geschichte teilweise vergessen. Trotzdem muss er sich immer wieder immer wieder mit den **Ereignissen** und Themen beschäftigen und sie genau untersuchen. Bernhard Schlink versucht zu zeigen, dass die Menschheit von der Vergangenheit lernen muss, indem sie sich mit den Ereignissen auseinandersetzt.